浅見雅一
Asami Masakazu

東方布教に身をささげた宣教師

フランシスコ＝ザビエル

日本史リブレット人044

目次

殉教者ザビエル

フランシスコ＝ザビエル（一五〇六〜五二）といえば、十六世紀に日本にはじめてキリスト教を伝えた人物として、日本ではその名を知らない人はいないであろう。日本だけでなく祖国スペインでも彼の評価はきわめて高い。カトリック▲教会は、彼をカトリック布教の守護聖人に列している。彼が日本に来たのは、インドから日本をめざしたのであって、けっして偶然によるものではない。彼が日本をめざした目的はただ一つ、キリスト教を日本に伝えて日本人を改宗させることであった。

ザビエルは、当時のヨーロッパ最高の学識と強い意思の持ち主であった。彼の性格を一言で表現するならば、敬虔な理想主義者であったといえよう。理想

▼**カトリック**　「普遍的」を意味し、キリストによって設立された教会の普遍性を示す。キリストの時代からの司教と司祭の使徒伝承性を公言するキリスト教徒の集団。ローマ・カトリック教会とも呼ばれる。

日本イエズス会士殉教図　一番上がザビエル。

を追求するためには自己犠牲を厭(いと)わない。彼の理想に追従できる者だけが彼に従ったのである。彼がめざす日本布教という前人未到の困難な事業をなしとげるためには、想像を絶するほどの労力を必要とした。彼は、それを実現するのにふさわしい自己犠牲の精神だけでなく、布教事業を牽引するためのカリスマ性をも備えていた。彼が日本にキリスト教を伝えたことは、当時のカトリック教会にとっては革新的業績であった。彼は、宗教改革▲の波が押しよせている現実社会においてカトリックの世界布教という壮大かつ壮絶な戦いを挑んだ。そして、彼は、アジア布教に生涯をささげた。

ザビエルは、キリスト教の迫害者によって殺されたのではないが、カトリック教会では殉教者(じゅんきょうしゃ)とみなされることがある。十七世紀に描かれたと推測されるローマのジェズ教会にある「日本イエズス会士殉教図」には日本で殉教したイエズス会士たちの姿が描かれているが、最上段にはザビエルの姿がある。マカオなどで布教に従事したアントニオ゠フランシスコ゠カルディンは、日本で殉教したイエズス会士たちの殉教録『日本の花束』(ローマ、一六四六年。リスボン、一六五〇年)を出版しているが、その筆頭にあげられたのはザビエルであった。

ザビエルは、日本にキリスト教を伝えたのち、中国にも伝えようとしたが、その目的地を眼前にしながら志半ばにしてなくなった。彼の没後、ヨーロッパから多数の宣教師たちが彼に続き、日本に渡航しようとした。江戸幕府(えどばくふ)による迫害のもとで殉教の可能性があることを知りながら、むしろそれだからこそ日本に渡航したというイエズス会士さえいる。ザビエルは、日本の殉教者の象徴的存在なのである。彼は、未信者や一般信徒にとって卓越した布教者であり司牧(しぼく)者であった。しかし、その一方で、彼は、問題があると彼が判断したイエズス会士をイエズス会から退会させるなど、同じ聖職者にとっては非常に厳しい側面をもっていた。

本書ではザビエルの生涯を追いつつ、彼の日本布教とはなんであったのか考えたい。

▼宗教改革　十六世紀のカトリック教会における信仰上・制度上の大改革。マルティン＝ルターの教会批判を契機にローマ教皇(きょうこう)の首位権が否定され、プロテスタント主義を標榜するあらたな教会が生まれた。

カルディン著『日本の花束』（一六四六年刊）　表紙（右）とザビエル像。

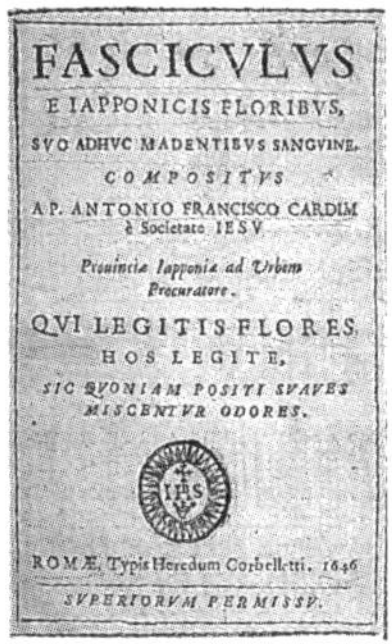

ザビエル城

▼ナバラ王国　ピレネー山麓の西部に位置する中世イベリア半島の王国。首都はパンプローナ。住民はほとんどがバスク人。一五一五年にフェルナンド二世によってカスティーリャ王国に併合された。

①―イエズス会と東方布教

ザビエルの出自

一五〇六年四月七日、フランシスコ＝ザビエルは、スペインのナバラ王国▲のザビエル城において誕生した。彼の生地は、スペインとはいえ独自性の強いバスク地方に含まれる。彼の母国語は、彼自身が述べているように「カステリャーノ」と呼ばれる標準スペイン語ではなく、それとはまったく異なった言語体系に属するバスク語であった。

父の名は、ファン＝デ＝ハッスである。彼は、ナバラ王国の地方貴族(きぞく)であり、若いころにはイタリアのボローニャ大学に学び、その後、ナバラ王国の王室会議議長という要職にあった。ザビエルとは、出身地を姓としたものである。日本では通常、ザビエルと表記されるが、この発音は英語に近い。かつてはイタリア語風にザベリオと呼ばれていた。ポルトガル語ではシャヴィエルとなるが、スペイン語ではハビエルとなる。

母の名は、マリア＝デ＝アスピルクエタである。母方の家系も名門であった。

母方の親戚にはナバラ王国の出身ということから「ナバーロ博士」と呼ばれた神学者マルティン＝デ＝アスピルクエタ▲がいる。彼は、当時としては教会内屈指の教会法学者であった。

ザビエルは、経済的にもめぐまれた貴族の家庭に生まれたが、彼が幼いころに一家の運命を一変させる出来事が起きた。一五一一年三月、スペイン国王フェルナンド五世▲は、突如、フランス国王ルイ十二世▲に宣戦布告した。これを受けて、スペインはナバラ王国に軍隊の動員を要求するが、ナバラ王国がこれを拒否したため、スペイン軍がまずナバラ王国に侵攻した。父ファン＝デ＝ハッスは、ナバラ国王の重臣としてスペイン軍に応戦した。しかし、ナバラ軍はスペイン軍に敗北を喫してしまう。その結果、一五一五年六月にスペインはナバラ王国を併合し、十月にファンは失意のうちに没してしまう。家督はザビエルの兄ミゲルが継いだ。一五一七年、ザビエル城は、スペインによって破壊が命じられた。それゆえ、現存するザビエル城は再建されたものである。

スペインと敵対したナバラ王国は、スペインの敵であるフランスと同盟を結ぶこととなった。一五二一年五月にフランス・ナバラ連合軍は、パンプローナ

▼マルティン＝デ＝アスピルクエタ　一四九二〜一五八六年。神学者・教会法学者。アルカラ大学などに学んだ後、トゥールーズ大学、サラマンカ大学、コインブラ大学で教会法などの教授をつとめた。一五六七年以降、ローマ教皇庁内赦院の顧問などをつとめた。

▼フェルナンド五世　一四五二〜一五一六年。アラゴン王。カスティーリャ王としてはフェルナンド二世。一四七四年、カスティーリャ王に即位(〜一五〇四年)。一四七九年、アラゴン王に即位。イタリア政策ではフランスと敵対した。一五一五年、ナバラ王国を制圧して併合した。

▼ルイ十二世　一四六二〜一五一五年。フランス王。イタリア政策に失敗するが、法制の整備、商工業と学芸の保護につとめ、繁栄の基礎を築いた。

ナバラ王国（十六世紀。河野純徳訳『聖フランシスコ・ザビエル全書簡』より、一部改変）　----スペイン併合（一五一五年）後の境界、----アラゴン・カスティーリャの国境。

▼**イグナシオ＝デ＝ロヨラ**　一四九一〜一五五六年。イエズス会創設時の中心的人物。スペイン・バスク地方の生まれ。一五四一年、イエズス会の初代総長に就任。『イエズス会会憲』『霊操』を著わす。自叙伝『ある巡礼者の物語』。

▼**カール五世**　一五〇〇〜五六年。一五一六年、スペイン国王カルロス一世は神聖ローマ帝国皇帝

城のスペイン軍を攻撃し、陥落させた。このとき、のちにザビエルの盟友となるイグナシオ＝デ＝ロヨラ▲は、守備側にいて籠城していたが、砲弾にあたって右脚に重傷をおい、フランス・ナバラ連合軍の捕虜となった。彼は、傷の治療中に軍人の立場をすてて聖職者を志すことを決意した。この時点では、ロヨラと兄ミゲルらは、たがいに敵対関係にあったことになる。結局、ナバラ軍はスペイン軍に敗北したが、捕虜となっていた兄ミゲルらは、スペイン国王カルロス一世（神聖ローマ帝国皇帝カール五世▲）の恩赦によって故郷に帰還が許された。

ザビエルの父方の親類には軍人が多く、彼も二人の兄と同じ道をあゆみ、軍人として成功することが期待されていた。ザビエルは、聖職者になることを希望していたが、その場合であってもカトリック教会において司教、大司教、さらには枢機卿などの高位聖職者となって成功することが期待されていた。おそらくアスピルクエタのようになることが期待されていたのであろう。高位聖職者になれば、莫大な聖職禄がえられるので、没落したザビエル家の再興が可能になる。彼は、一族の期待を担って、当時、神学▲の名門大学とされていたパリ大学に学ぶことになる。

パリ大学に学ぶ

一五二五年、ザビエルは、故郷のナバラ王国を離れて、パリ大学の聖バルバラ学院で学ぶことになった。当時のパリ大学は、神学の研究が盛んであり、多数の神学者を輩出している名門大学であった。聖バルバラ学院は、パリ大学に五〇以上あった学院のなかでも著名なものであった。ザビエルは、パリ大学で哲学と神学を学び、学位の取得後に神学教授として成功することを望んでいた。

ザビエルは、学生とはいえ貴族の出身者としての威厳を保つために、パリ大学では従者を従えるなど派手な生活を送っていた。当時のパリ大学では、富裕な教授や学生は従者を従えることがあり、貧しい学生は裕福な教授や学生の従者をするなどして学費を稼いでいた。彼は、裕福な学生として典型的なことをしていたにすぎないのだが、実際に彼の実家にはすでにそれを支えるだけの財力がなかった。そうした状況のもと、一五二九年七月、母マリアが没した。

一五三〇年三月、ザビエルは、パリ大学より哲学修士の称号を授与された。彼は、学位の取得後、十月よりパリ大学で教鞭を執りはじめ、アリストテレス哲学を講義している。この哲学修士の学位は、彼の聖職者としての将来の成功

に即位し、カール五世と称した。フランスとの戦い、オスマン朝の侵攻、プロテスタント諸侯との戦いに勝利したが、プロテスタント教会の制圧には失敗した。

▼**神学**　キリスト教の神および神に関する事柄を理論的に研究する学問。

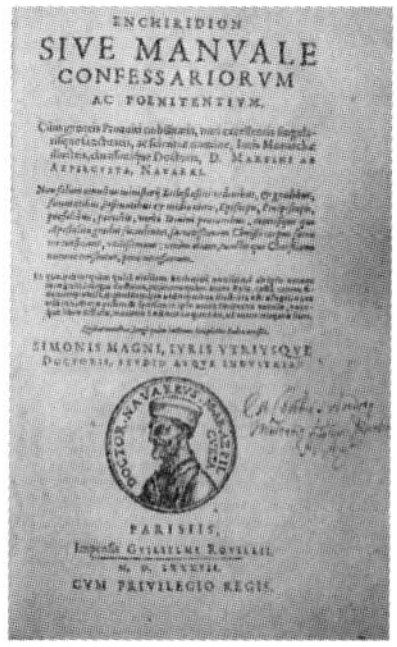

マルティン＝デ＝アスピルクエタ著『聴罪司祭と悔悛の手引書』（一五八七年刊）

を約束するものであった。彼のような貴族出身者であれば、いずれは高位聖職者に就任できる可能性が高い。そうなれば経済的にも豊かになるので、ザビエル家を再興することが可能になる。ザビエルは、手始めにパンプローナ司教座聖堂参事会員に選出されるよう準備を整えた。彼は、ザビエル城主ミゲルの弟である自分が嫡出子であることを証明する公文書(こうぶんしょ)の発行手続きをするよう兄ミゲルに依頼していた。ザビエルは、当時、母方の親類であるサラマンカ大学教授マルティン＝デ＝アスピルクエタと文通しており、彼の司教就任を期待していた。ザビエル自身が貴族出身であるうえに、一族に高位聖職者がいれば、彼が高位聖職者に就任できる可能性はさらに高くなるものと思われていた。

ロヨラとの関係

そうした矢先、ザビエルにある転機が訪れる。一五二九年、彼は、聖バルバラ学院で貧しい身なりをした中年の神学生と同室になった。彼こそが同じスペインのバスク地方出身のイグナシオ＝デ＝ロヨラである。ザビエルは、当初はロヨラを嫌悪していたようであるが、やがて彼に感化されるようになった。そ

イグナシオ＝デ＝ロヨラ

の結果、彼はそれまでいだいていた高位聖職者となる望みをすて、ロヨラとともに修道者（しゅうどうしゃ）として東方布教に自身をささげることを決意するにいたった。この決意は、ザビエルの「大回心（だいかいしん）」と呼ばれている。

ロヨラは、それ以前にフランス人のピエール＝ファーブルとも同室になっていた。ザビエルとともに、彼らは、最初のイエズス会員となった。彼らに、ディエゴ＝ライネス、アルフォンソ＝サルメロン、ニコラス＝ボバディーリャ、シモン＝ロドリゲスの四人が加わって、「七人の同志会」が成立した。一五三四年八月十五日、ロヨラをはじめとする七人の同志たちが、パリのモンマルトルの丘において、⑴清貧、⑵貞潔、⑶聖地エルサレムへの巡礼、そして、もしそれがかなわなければローマ教皇（きょうこう）の命じる場所であれば世界のいかなる地であっても赴くこと、の三つの誓いを行った。この誓いは、聖母マリアにささげられ、この「モンマルトルの誓い」をもって、イエズス会の創設とされている。

ザビエルは、一五三五年三月二十五日付、パリ発、オバノスにいる兄ファン＝デ＝アスピルクエタ宛書翰において、この書翰を兄ファンのもとに持参したロヨラから多大な恩義を受けたことを記している。ザビエルは、派手な生活をしていたが、そのためにロヨラがザビエルに金銭的援助をあたえていたうえに、異端からも遠ざけてくれたことを記している。さらに、同書翰には、ザビエルの甥がパリ大学を逃げだしたことが報じられており、彼が異端説にそまった可能性があることが示唆されている。「異端」とは、当時ドイツで進行していたルターによる宗教改革の波がパリ大学にまで押しよせていたことを意味している。ザビエルは、兄ミゲルに自分の考えを理解してもらおうとした。彼にとって、カトリック教会とはいえイエズス会のような修道会にはいれば彼に対する一族の期待を裏切ることになる。修道会にはいることは、それまで彼がめざしていた高位聖職者への道を断念することを意味するのである。

イエズス会の認可

一五三七年、ロヨラを含めまだ叙階されていなかったメンバーの全員が司祭(神父)▲に叙階された。翌一五三八年、彼らは、ローマに赴いたが、このころから教会内で神学教授などの要職を占めるようになった。翌一五三九年には、彼らは、上長への服従(従順)を誓い、会の基本精神を全部で五項目からなる「基

▼**司祭(神父)**　人びとの願いごとを神に取り次ぐ、公認された仲介者。教会からミサを執行し、秘蹟を授与し、説教する権能をあたえられている。ポルトガル語やスペイン語では、父を意味する「パードレ」と呼ばれる。

本精神綱要(フォルムラ)」▲にまとめており、同年九月にローマ教皇パウルス三世▲から口頭での承認を受けた。

一五四〇年九月、このメンバーを中心とする集団は、教皇パウルス三世の勅書によって正式にカトリック教会における修道会として認可された。会員の選挙によってロヨラが総長に選出された。彼は、総長職の就任を辞退したが、それでは事態が収拾できないので、二度目の選出の際には総長職を受諾することにした。その結果、ロヨラが初代総長に就任し、一五五六年七月三十一日に没するまで彼はその職に就いていた。修道会名をイエズス会としたのは、イエズス＝キリストの名を冠したものである。組織をあらわす言葉には、スペイン語で通常使われる「オルデン」ではなく「コンパニーア」が選ばれている。この言葉は、ゆるやかなつながりを示す反面、当時の軍隊の「中隊」を意味している。イエズス会員は、みずからを「主に仕える守衛(兵士)」としているが、修道会名からもイエズス会が「神の軍隊」であることを自認していることがわかる。

総長ロヨラは、一五四七年に「基本精神綱要」に立脚した『イエズス会会憲』を作成し、さらに『イエズス会規則』を作成している。前者はイエズス会の入会条

▼**「基本精神綱要(フォルムラ)」** 一五三九年に作成されたイエズス会の基本理念。第一項、イエズス会の名称など、第二項、ローマ教皇に対する第四の誓願、第三項、上長に対する従順と義務、第四項、清貧、第五項、イエズス会の特質。

▼**パウルス三世** 一四六八〜一五四九年。ローマ教皇。一五三四年に就任。一五三八年、イングランド王ヘンリー八世を破門。トリエント公会議を開催。ミケランジェロにシスティーナ礼拝堂の天井画を描かせた。

イエズス会の創設

件や修業規則などを規定したものであり、後者はイエズス会士が遵守すべき規則が列挙されている。イエズス会は、これらの規則によって統制されるカトリック修道会である。総長は、『イエズス会会憲』によって、会員の選挙によって決められ、終身職であることが規定されている。

大航海時代のポルトガル

大航海時代とは、「地理上の発見」によって、イベリア両国が地球規模の発展をとげた時代である。イベリア両国の海外進出は、スペインによる新大陸の発見とポルトガルによるインド航路の開拓に代表される。新大陸からは大量のメキシコ銀がヨーロッパに流入し、ヨーロッパの経済を一変させただけでなく、それが中国にも影響をあたえるなどして、経済が世界規模で変化していく契機となった。カトリック教会は、宗教改革に対するあらたな枠組みを模索していたが、布教保護権▲をもとにしてイベリア両国の国家事業である海外進出の枠組みに乗ることになった。修道会では、世界布教を創立の目的としたイエズス会がポルトガルの布教保護権下にあるインドに進出し、スペイン系托鉢修道会が

ローマのジェズ教会　ロヨラの時代にはイエズス会の本部であった。ザビエルの右腕(肘から下)が保管されている。

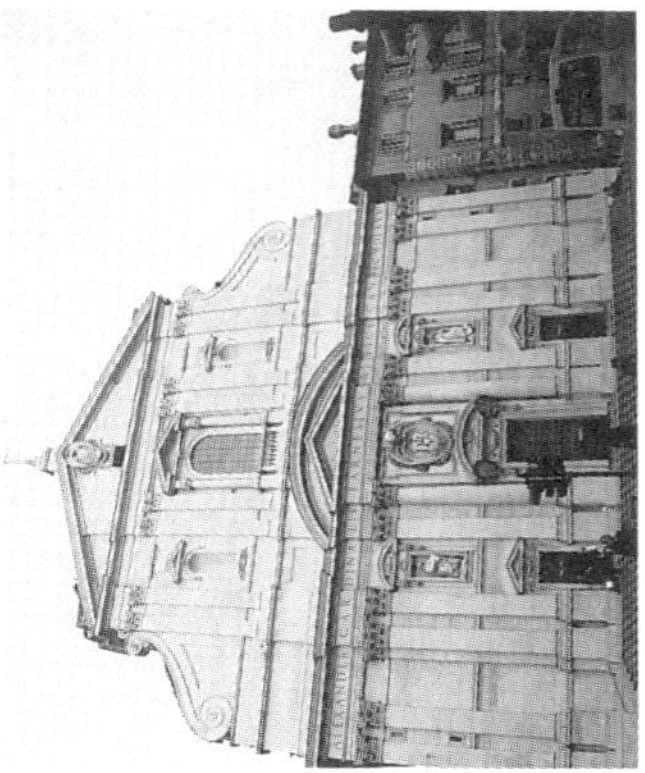

▼**布教保護権**　カトリック教会における保護権の一つ。本国の政府と国王は、植民地の司牧と布教の義務および教会関係施設の設立と運営の義務をおい、司教と宣教師の人物選択に権限をもつというもの。

スペインの布教保護権下にある新大陸に進出していった。

ポルトガルの海外進出は、アフリカ大陸の探検事業に始まる。ポルトガルは、イベリア半島からアフリカ大陸の沿岸部を探検し、西岸部を徐々に南下していった。一四一九年から二〇年にかけて、マデイラ諸島を、二七年から五二年にかけてアソーレス諸島を、五〇年代にはヴェルデ岬沖諸島を発見している。アフリカ大陸では、一四八八年に西岸部から喜望峰にまで到達しており、九八年にヴァスコ＝ダ＝ガマらがインドのカリカットに到達した。ポルトガルは、ここに世界一周を達成したことになり、インド航路を新大陸と結びつけることに成功した。インド航路を確保するために、一五〇五年にアフリカのソファラ、〇七年にはモザンビークに要塞を築いた。一五一一年にアフォンソ＝デ＝アルブケルケがマラッカを占領している。ポルトガルは、インド航路を確保することによって香料貿易を行っていた。

インド航路は、明代初期に永楽帝▲が宦官鄭和に南海遠征を命令したことによって開拓されたが、それ以降、中国は開拓した航路にほとんど関心を払わなかった。インド航路は、イスラム教徒が部分的に利用していたにすぎず、その航

リスボンのサン・ロケ教会

▼**永楽帝**　一三六〇〜一四二四年。明朝の第三代皇帝。洪武帝の第四子。建文帝に対して靖難の変を起こし、一四〇二年に即位。一四二一年、南京から北京に遷都した。対外積極策をとり、ベトナム遠征、モンゴル遠征を行い、宦官鄭和に七回も南海遠征を命じた。

第二代インド副王アフォンソ＝デ＝アルブケルケ

▼アレキサンデル六世　一四三一～一五〇三年。ローマ教皇。一四九二年に就任。スペインのバレンシア出身。一四九三年、イベリア両国王に世界二分割線を引く大勅書を発布。ミケランジェロを庇護した反面、教会改革を訴えるドミニコ会士サヴォナローラを弾圧した。

路全体が使われることはなかったのである。ポルトガル人は、それまで放置されていたインド航路をあらたに使用した。彼らは、インド航路を開拓したのではなく、中国が開拓した既存の航路に入り込んだのである。インド航路は、ポルトガル人によって「再発見」されたことになる。とはいえ、当時の航海は、帆船を使っていたので、季節風に乗ることが必要であった。航海可能な時期も季節風に左右される。そうした航海技術では、海難の確率がきわめて高かった。

イベリア両国の海外進出に対しては、ローマ教皇が発給した勅書が裏付けをあたえていた。カトリック教会が両国の「征服に属する地域」として、その地域の航海、貿易、布教の独占権、さらには事実上の、あるいは潜在的な領有を正式に認めたのである。ポルトガルのアフリカ沿岸の探検事業に対してはあらたな土地が発見されるたびに教皇勅書があたえられてきたが、発見地の位置を示すために教皇勅書は緯線によって仕切っていた。ところが、一四九三年、ローマ教皇アレキサンデル六世▲は、五月四日付の大勅書「インテル・カエテラ」および「エクジミナエ・デヴィティオニス」によって、アソーレス諸島とヴェルデ岬沖諸島の西一〇〇レグア（一レグア＝約五、六キロ）のところを境界として極から

聖フランシスコ＝ザビエル

聖イグナシオ＝デ＝ロヨラに別れを告げるザビエル

極に線を引いて地球を二分割し、イベリア両国の征服に属する地域を定めた。ここにいたって、教皇勅書の示す基準が緯線から経線になったのである。この世界分割は、デマルカシオンと呼ばれる。翌一四九四年六月七日、イベリア両国王のあいだでトルデシーリャス条約が締結され、分割線を西に移動し、ヴェルデ岬沖諸島の沖三七〇レグアのところに変更された。これによって、のちにブラジルの所属が問題となる。この条約は、イベリア両国王という世俗の王権のあいだで成立したものなので、この変更に教会は関与していない。

　イエズス会は、創設当時はスペイン国王の承認を受けられず、ポルトガル国王ジョアン三世▲の承認を受けることとなった。その結果、イエズス会のアジア布教は、ポルトガルの布教保護権のもと、地球を東回りでインド、東南アジア、さらには日本へと進出していくことになる。ポルトガル国王は、インドを中心とするポルトガルの勢力圏を「ポルトガル領インド(エスタード・ダ・インディア)」と呼んでいた。イエズス会は、日本において最初に布教活動を行ったカトリック修道会であり、十六世紀の日本布教に主導的役割を果たしている。これに対して、スペイン系托鉢修道会は、十六世紀末から新大陸からフィリピンを経由して来日している。

世界二分割図

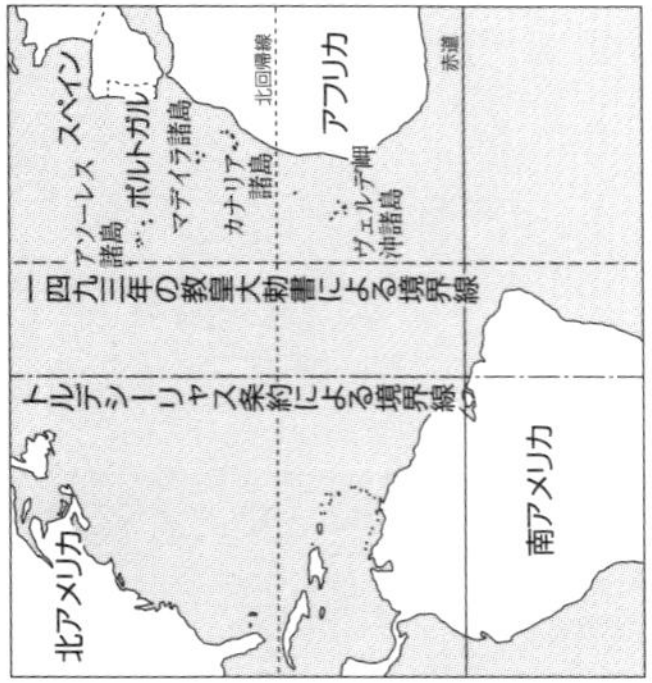

▼ジョアン三世　一五〇二〜五七年。ポルトガル王。一五二一年に即位。宗教政策に熱心で「敬虔王(けいけんおう)」と呼ばれる。一五三六年、異端審問所(いたんしんもんじょ)を導入し、ユダヤ教からの改宗者を弾圧した。一五四〇年、イエズス会を招聘(しょうへい)した。

②—インドから東南アジアへ

ザビエルの東方布教

ローマ教皇によって、イエズス会がカトリック教会において正式に認可されると、ヨーロッパ各地からイエズス会員を宣教師として派遣してほしいという要望がよせられるようになった。ポルトガル国王ジョアン三世は、ローマ教皇にインドへ宣教師を派遣することを要請した。これを受けて、総長ロヨラは、シモン゠ロドリゲスとニコラス゠ボバディーリャをインドに派遣することに決めた。しかし、ボバディーリャがローマを発つ間際になって熱病にかかり、動けないことが判明した。そこで、ロヨラの秘書をつとめており、派遣先が未定であったザビエルが彼のかわりとして急遽インドに派遣されることになったのである。

リスボンでは、ザビエルとともにインドに派遣される予定であったポルトガル人のロドリゲスがポルトガル国王ジョアン三世の要請によって国内に残留することになった。ザビエルは、リスボンでジョアン三世に謁見したのち、イン

リスボン市街　城塞から市内を望む。

ド副王として赴任するマルティン＝アフォンソ＝デ＝ソーザとともにインドに向かって旅立った。これ以降、彼は、生涯ヨーロッパに戻ることはなかった。

ポルトガル領インドの拠点都市ゴア

ゴアは、ポルトガルの東インドにおける最大の要塞（ようさい）であり、拠点となる都市でもあった。同時に、イエズス会によるキリスト教の布教活動の拠点でもあった。十六世紀初頭にはビジャプール王国▲がゴアを支配しており、ヴィジャヤナガル王国▲への貿易港として繁栄していた。一五〇五年、ポルトガル国王マヌエル一世▲はフランシスコ＝デ＝アルメイダに三〇隻の船隊を率いてインドに向かい、三年間駐在することを命じた。彼はインド副王と称して、コーチンの要塞を改築してコーチン王を戴冠（たいかん）させた。一五一〇年、後任のアフォンソ＝デ＝アルブケルケは、ゴアを二度の攻撃の末に攻略した。当初、ポルトガル領インドの首都はコーチンであったが、一五三〇年にゴアに移行した。

インドに布教の先鞭をつけたのは、一五〇〇年十一月にカリカットに到着した八人のフランシスコ会士であった。一五三四年、ゴアにフランシスコ会が来

▼**ビジャプール王国**　インド中南部のスンニ派イスラム王朝。一四九〇～一六八六年。首都ビジャプール。

▼**ヴィジャヤナガル王国**　南インドを支配したヒンドゥー教の王国。一三三六～一六四三年。首都ヴィジャヤナガル。十六世紀に最盛期を迎えたが、一五六五年にデカン・ムスリム諸王朝に敗れたのちは衰退していった。

▼**マヌエル一世**　一四六九～一五二一年。ポルトガル王。一四九五年に即位。インド航路の再発見によってポルトガルに莫大な富をもたらした。

コーチンの絵図

サン・トメの絵図

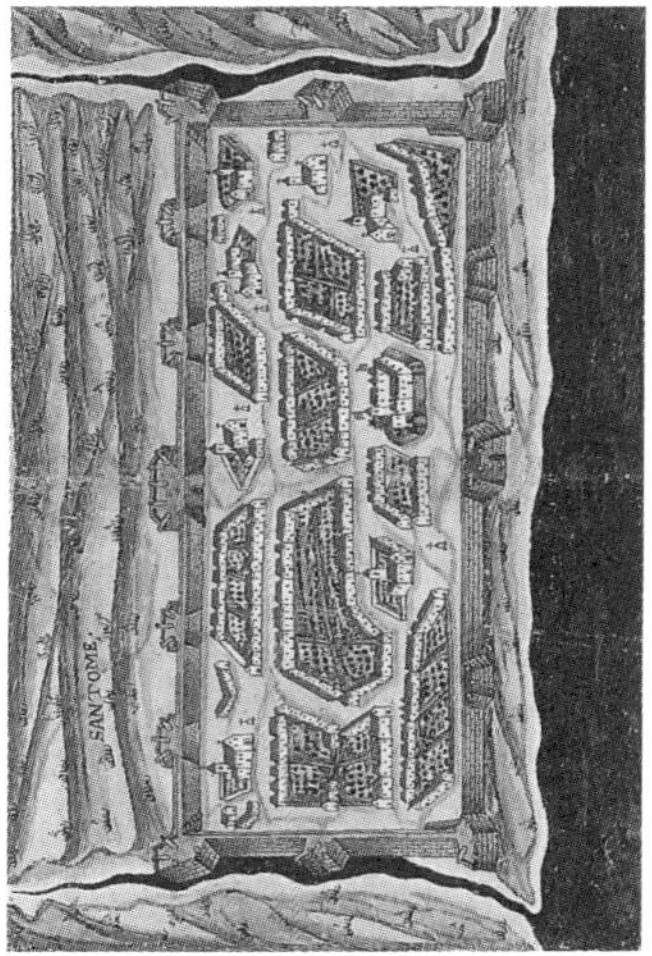

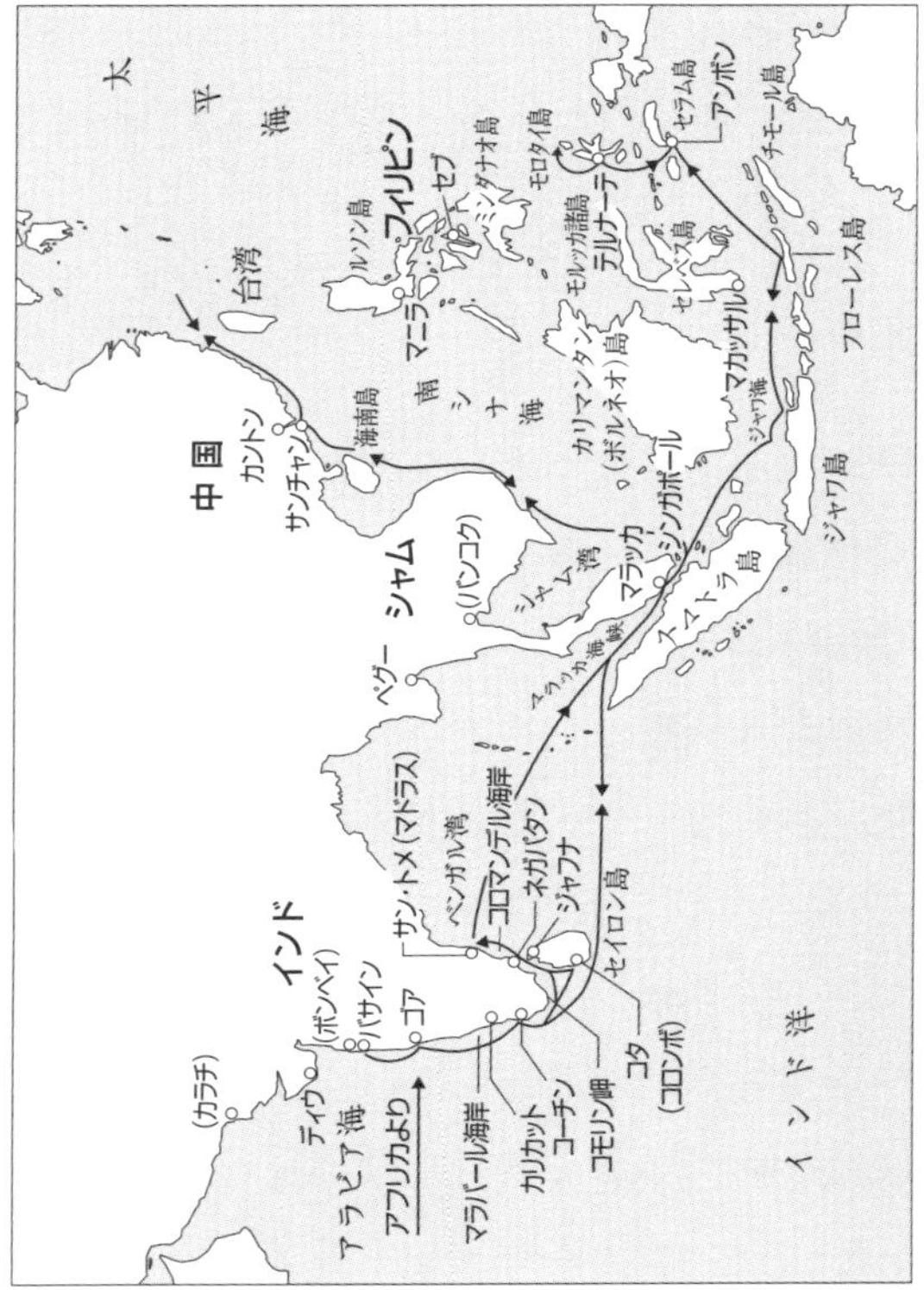

ザビエル渡航図（河野純徳訳『聖フランシスコ・ザビエル全書簡』より，一部改変）

着している。フランシスコ会に続いてイエズス会がインドに進出していくが、それに遅れて、一五四八年にドミニコ会、七二年にアウグスチノ会がゴアに来着している。一五三四年十一月三日、喜望峰から日本までを管轄地域とする広大な司教区となるゴア司教区が設置された。一五三八年、初代ゴア司教にフランシスコ会出身のジョアン＝デ＝アルブケルケが着任した。

ゴアは、ゴア市長官の支配下にあった。ポルトガル領インドの最高支配者は、総督であったが、その一部は貴族出身であることからインド副王と呼ばれていた。ポルトガルからインドに赴いたのは、フィダルゴ(紳士もしくは小貴族)、兵士、職人がおもなものであった。彼らのうち、祖国に帰国できたのはわずかであり、多くは現地社会に同化していった。そのため、インドにはキリスト教を信仰する混血児の社会が形成されていった。

ゴアのザビエル

一五四二年五月六日、ザビエルは、アフリカをへてゴアに到着した。聖パウロ学院▲は、ゴア在住の教区司祭ディオゴ＝ボルバの発案と司教総代理ミゲル＝

▼**聖パウロ学院**　ゴアの高等教育機関。一五四二年に建築され、四四年には聖信学院として学生を受け入れている。一五四六年にザビエルの斡旋によってイエズス会が経営する。

▼**コレジオ**　イエズス会の神学校、学院。聖職者養成のために神学などを教授する高等教育機関。日本では、一五八〇(天正八)年に巡察師アレッサンドロ＝ヴァリニャーノが豊後府内に創建した。

ヴァスの支援によって、一五四一年に建設が開始され、工事の進行中にザビエルが到着した。聖パウロ学院は、聖信学院とも呼ばれたイエズス会のコレジオ▲である。ザビエルの来航時、ゴアには一四の教会関係施設があり、聖職者だけでも一〇〇人を超えていた。雨期のためにしばらくゴアにとどまり、布教を行いながらポルトガル語で「短い公教要理（こうきょうようり）」▲を作成した。この公教要理は、ジョアン゠デ゠バロスがポルトガルで出版した公教要理を参考にしている。同年十月から翌年九月まで、ザビエルは、インド南東部の漁夫（ぎょふ）海岸で布教を行っていた。その後、彼は一時的にゴアに戻るが、その際ミセル゠パウロとフランシスコ゠マンシラスに再会し、彼らから一五四二年一月三十一日付のロヨラの書翰を受け取った。一五四三年末、ザビエルはゴア司教の面前でロヨラの書式に従って誓願を立てた。

一五四四年一月、ザビエルは、漁夫海岸に布教のために戻るが、当地のキリスト教徒が教理をなにも知らないことを憂慮し、マラバール生まれでタミール語を話すフランシスコ゠コエリョの協力をえて公教要理をタミール語に翻訳した。ザビエルは、このタミール語の公教要理を暗記しており、同年この公教要

▼**公教要理**　ローマ教会がキリスト教の教理を簡略に記したもの。「ローマ公教要理」もしくは「カテキズモ」とも呼ばれる。

ゴアのボム・ジェス教会（一七八三年再建）　ザビエルの墓所がある。

理を使用していたことが確認されている。六月十六日、彼はコモリン岬へ向かい、十一月中旬、トラバンコールへ向かった。

ザビエルは、一五四五年一月二十七日付、コーチン発、ローマのイエズス会員宛書翰において、トラバンコールにおいて採用した集団改宗の方法について述べている。その方法とは、次のようなものである。ある村に着いてから村の男性と子ども全員を一カ所に集めて、三つのペルソナ▲と唯一の神を公言する。つぎに、タミール語に翻訳した公教要理を暗唱し、集まった村人たちにそれを復唱させる。その後の説教では、公教要理の内容をタミール語で説明する。信仰箇条(しんこうかじょう)の各項目について、信ずるかどうかをたずねて「はい」と答えさせる。そこで、各人に霊名を書いた紙をあたえて、洗礼を授ける。彼らが家に戻ったあとには彼らの妻たちに洗礼を受けに来るよう指導する。

この集団改宗の方法によって、一カ月のあいだに一〇〇〇人以上が改宗したという。集団改宗は、トラバンコール以外の地域でも実施された。集団改宗によって、一度に大勢の者たちを改宗させることが可能になるが、こうして改宗したキリスト教徒には信仰を維持することが困難であるという問題が生じてく

ゴア市街

▼ペルソナ　本来は俳優の仮面の意味。神学では、ペルソナまたは位格とは神の三位一体(さんみいったい)の三位格、すなわち父なる神、子なるキリスト、そして聖霊をさす。

る。ザビエルは、当初はこうした集団改宗を繰り返し行っていたが、やがてそれがふさわしい成果をあげていないことに気づき、集団改宗の方法を放棄している。インドにおける布教の方法自体が試行錯誤の連続であったといえよう。

インド布教は、当初より順調であったわけではない。一五四四年にジャフナの王は、セイロン島北部の信者を殺害した。こうした殉教(じゅんきょう)が散発的ではあるが実際に起きている。また、航海の際、海難の危険がつねに存在していた。

インド布教の問題としては、インドにおける宗教と言語の多様性の問題があげられる。ザビエルは、インドの多民族で、しかも多言語の状態に悩まされている。もちろん、多言語は、布教者にとっては負担をふやすものであり、布教上の大きな障害になる。ザビエルは、インド布教のために、さまざまな可能性を模索していた。集団改宗は成果をあげることのできなかった例であるが、彼は、タミール語の公教要理を作成しているので、インド布教を長期的計画と考えていたことが推測される。彼は、インド布教に対して長期的方向性をみいだそうとしたが、それが結局できなかったのである。

ところで、蟹(かに)の像は、ザビエルの東洋布教の象徴である。ザビエルがアンボ

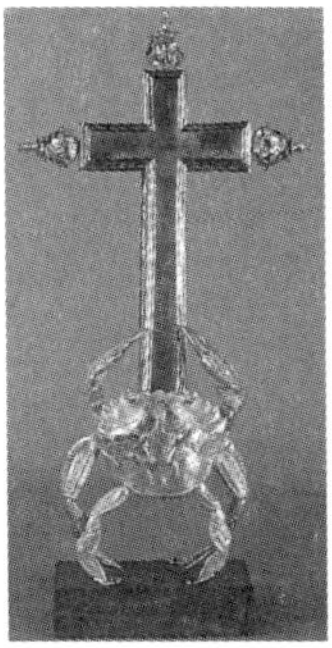

蟹台座十字架型聖遺物入れ

セラム島での蟹の奇蹟

海水を真水に変えるザビエル

ン島からセラム島に渡るとき、嵐にあって十字架を海中に落とした。ところが、彼がセラム島に着くと、蟹がその十字架をもっていたという。ザビエルについては、奇蹟譚が数多く存在するが、蟹の話はその代表的なものである（前ページ上写真参照）。

国際都市マラッカ

一五四五年八月下旬、ザビエルは、さらに東方への布教を志して、サン・トメを出発するとマラッカに向かった。九月二十五日、彼はマラッカに到着した。マラッカでは、十四世紀末から十五世紀初めにジョホール海峡を制圧した初の強大な国家であるマラッカ王国が誕生した。鄭和は、マラッカを西征の基地としたが、明はここを軍事的に重要な拠点として維持しようとはしなかった。やがて、マラッカは東南アジア群島部最大の国際貿易港として繁栄する。一四四二年以降、琉球国の貿易船がしばしば来航していることが琉球の前近代外交文書集『歴代宝案』▲によって確認できる。マラッカは、東南アジアの中心的貿易港であると同時に、イスラム教伝播の中心地でもあった。

▼**『歴代宝案』**　琉球の外交文書集。漢文。一六九七年以降、琉球王府が編纂。一四二四年から一八六七年までの明・清を中心に東南アジア諸国をも含む往復文書を収録。

一五一一年、アフォンソ゠デ゠アルブケルケの指揮のもと、ポルトガルがマラッカ王国を攻略し、マラッカを占領した。マラッカを制圧すれば、マラッカ海峡を封鎖でき、この海域の通交権を独占できる。それゆえ、マラッカは、古来、覇権をめぐる戦乱がたえない地域であった。当時の注目すべきことに、一五二〇年代のポルトガルの中国遣使(けんし)がある。この使節の一員とされるトメ゠ピレスが著わした『東方諸国記(スマ・オリエンタル)』には遣使の記事が欠落している。この遣使については、ポルトガルの史料からは知ることができず、『明実録(みんじつろく)』▲などの漢文史料から確認されるにすぎない。北京(ペキン)における使節の行動から、この使節が偽使ではないかという見解もある。ともあれ、この遣使は、成果をえることなく失敗に帰している。この遣使が最終的に明に受け入れられなかったことは、マラッカを介した中国・ポルトガル関係の設立の失敗を意味している。

ザビエルの時代、マラッカは、東南アジアにおけるポルトガルの海外進出とキリスト教布教の最前線であった。ポルトガル・ゴア間の航路がいわば幹線であったのに対して、ゴア・マラッカ間の航路は支線にすぎなかった。ゴア・マラッカ間の航路では、ナウ船は船隊を組むこともなく、一、二隻で航行するこ

▼『明実録』　明朝の歴史書。皇帝ごとに事蹟が編年体で記されている。

ナウ船

ジャンク船

とが多かった。しかも、マラッカ以東への航海では、ポルトガル人は、中国のジャンク船の航海圏内に入り込む形となり、東南アジアの華僑(かきょう)ネットワークと共存していたと考えられる。ザビエルは、こうした中国人のネットワークに入り込んだのである。

ザビエルは、一五四五年十一月十日付、マラッカ発、ヨーロッパのイエズス会員宛書翰において、マラッカ到着後、マカッサルの人びとに布教するために、公教要理をラテン語に翻訳することに着手したことを記している。また、同書翰には、当時サン・トメにいたフアン゠デ゠エイロというスペイン商人が聖職者となり、マカッサルにいく決心をしたことが記されている。エイロは、イエズス会に入会を希望したが果たせずフランシスコ会にはいったが、その後ザビエルに従っている。

一五四六年一月、ザビエルは、アンボンに向かった。六月にアンボンを発ち、七月にテルナーテに到着した。十月にモロタイ島に向かった。翌一五四七年一月、テルナーテに帰還した。ザビエルは、各地を精力的に巡回しているが、以後の布教の方向性を模索していたと考えられる。一五四七年、ザビエルは、マラッカにフランシスコ＝ペレスを派遣したが、五二年十月二十二日付、上川（サンチャン）島発のペレス宛書翰において、次の季節風を待ってインドに帰還するよう命令している。ペレスの退去後、マラッカにイエズス会士はしばらく常駐していない。ザビエルは、マラッカでは布教の成果をあげることはできなかったが、マラッカ布教を一時的なものと考えていたのではない。マラッカ占領時にアルブケルケが設立を命じた丘の聖母（ノッサ・セニョーラ・ダ・モンテ）教会は、イエズス会に引き継がれた。一五四五年、ザビエルは、信仰箇条▲と十戒（じっかい）▲をマレー語に翻訳して解説を付すつもりであることを述べており、マラッカにおいて長期間にわたる布教を行うことを計画していたことがうかがえる。このマレー語の信仰箇条と十戒は現存していないが、ザビエルの没後も利用されていることが確認されている。

日本人アンジローとの邂逅

一五四七年七月末、ザビエルは、マラッカに帰還した。マラッカにおいて、彼は大きな転機を迎えることになる。十二月、マラッカで友人のポルトガル商人ジョルジェ＝アルヴァレスからアンジロー▲という日本人を紹介された。この

▼**信仰箇条**　カトリック教会における絶対確実な教義。トリエント公会議の教理学習書において使われた用語である。

▼**十戒**　シナイ山において神からモーセにあたえられた一〇の掟（おきて）（「出（しゅつ）エジプト記」）。二枚の石板にきざまれていた（「申命記（しんめいき）」）。イエス＝キリストは十戒を認めて自分の教えの基礎とした。

▼**アンジロー**　ジョアン＝ロドリゲスは「日本教会史」において「ヤジロー」と表記している。生没年および漢字名は不詳。日本側に人物を特定する史料は確認されていない。

とき、ザビエルは、アンジローにあったことで日本という国を知り、やがて日本渡航を決意したのである。

アンジローは、一五四八年十一月二十九日付、ゴア発、総長宛書翰においてみずからの半生を語っている。それによれば、彼は、薩摩国(さつまのくに)(鹿児島県)出身であり、既婚者であった。彼は、なんらかの事情によって鹿児島で殺人をおかした。彼を逃がそうと、友人のポルトガル人アルヴァロ゠ヴァスが彼のためにドン゠エルナンド宛の紹介状を書いた。その紹介状を、アンジローがまちがえてジョルジェ゠アルヴァレスに渡してしまうが、事情を理解したアルヴァレスがアンジローをマラッカに逃がした。アルヴァレスは、マラッカでアンジローをザビエルに紹介しようとするが、このときはあうことができなかった。アンジローは、マラッカでキリスト教に関心をいだき、洗礼を受けることを希望するが、教区司祭アフォンソ゠マルティンスは、彼に洗礼を授けることを拒否した。彼は、失意のうちに中国に向かうが、入国できずにマラッカに戻った。このとき、彼は、マラッカでふたたびアルヴァレスにあい、ザビエルを紹介されたのである。一五四八年一月二十日付、コーチン発、ローマのイエズス会員宛書翰において、ザビエルは、アンジローの印象を次のように記している。

もしも日本人すべてがアンジローのように知識欲が旺盛であるならば、新しく発見された諸地域のなかで、日本人は最も知識欲の旺盛な民族であると思います。このアンジローは、キリスト教の講義に出席した時に信仰箇条を書きました。彼は、教会にたびたび行き、祈っていました。彼は、私にいろいろ質問しました。彼は知識欲に燃えていますが、それは非常に進歩する印であり、短時間のうちに真理の教えを認めるに至るでしょう。
(河野純徳訳『聖フランシスコ・ザビエル全書簡』。以下、「河野訳」と略記。ただし、一部改訳。以下同様)

ザビエルは、アンジローにあったことによって日本に強い関心をいだき、日本布教の必要性を感じた。このとき、アンジローは、すでにポルトガル語を習得しており、ザビエルと少し会話ができたようである。アンジローがマラッカに着いてから八日後、ザビエルはインドに向けて出帆している。ザビエルにとって、アンジローとの面会はわずかな時間であったが、十分に意味のあるものであった。ザビエルは、アンジローにゴアの聖パウロ学院で学ぶことを勧めた。

そして、彼とのゴアにおける再会を期している。

ザビエルは、マラッカをインドから日本に赴くための足掛かりとしている。彼は、マラッカにおいてアンジローにあい、日本布教に着手することを決意した。マラッカは、東南アジアにおける国際貿易港であり、琉球からも人の往来があったことが『歴代宝案』から推察できるが、ポルトガルの史料ではトメ＝ピレス『東方諸国記』にもみえる。東シナ海には、倭寇(わこう)▲が跋扈(ばっこ)しており、ポルトガル人の活動領域は倭寇の活動領域と重複している。したがって、当時のマラッカにアンジローのような日本人がいたとしても不自然ではない。

ザビエルは、来たるべき日本布教のために日本情報を入手しようとした。彼は、前掲のローマのイエズス会員宛書翰において、日本布教の可能性についてアンジローに質問したことを記している。

私はアンジローに、もしも私が彼とともに日本に行くならば、日本人は信者になるであろうかと尋ねました。彼は、彼の郷里ではすぐに信者にはならないであろうと答えました。そして、彼は、さらにまず初めに私にいろいろと質問し、私が答えたことと、私にどれくらいの知識があるかを観察

▼**倭寇**　十四〜十六世紀、朝鮮半島や中国沿岸部で活動した海賊。十四・十五世紀の朝鮮半島の前期倭寇と十六世紀の中国沿岸部の後期倭寇に分けられる。日本人・中国人・朝鮮人などからなる多民族の集団であった。

し、特に私の生活が私の話していることと一致しているかどうかを見て、もしも私が二つのこと、彼らの質問によく答えて満足させ、私の生活態度に咎めるべきことを見いだされなかったならば、半年くらい私を試した後で、領主や貴族達も、一般の人びとも、信者になるかどうかを考え、判断するでしょう。彼は、日本人は理性によってのみ判断する人びとであると言っています。（河野訳）

アンジローの返事は、このちのザビエルの日本布教のあり方を知るうえで非常に示唆的である。日本人は、宣教師たちをよく観察したうえで、改宗するかどうかを判断するというのである。ザビエルは、日本に赴く前から日本布教に対する明確なイメージをもっていたといえよう。彼は、ポルトガル商人のジョルジェ＝アルヴァレスに日本情報の作成を依頼しており、同書翰の執筆時には彼の報告書を手許においていた。

一五四八年三月、アンジローは、ゴアの聖パウロ学院にはいり、その直後にザビエルと再会した。五月、彼は、ゴアで以前からの希望のとおりに受洗した。岸野久氏は、アンジローが貿易商人であったと推測しており、彼の書翰は彼がポルトガル語で書いたのではなく、コスメ＝デ＝トーレスがアンジローの話をもとにスペイン語で作成したと推測している。アンジローは、ザビエルとともに日本に渡航しており、来日後はザビエルの通訳をつとめていたと考えられるが、その後はザビエルたちとは離れて故郷の鹿児島にとどまったようである。彼の晩年については不詳である。

ザビエルは、マラッカでアンジローにあったあとは、日本渡航を意識しながら行動している。一五四八年一月十三日、彼は、マラッカからコーチンに到着し、一月下旬、コモリン岬に向かった。二、三月、セイロン島のカンディ王を訪問した。三月、バサインにおいて総督ジョアン＝デ＝カストロに謁見した。四月二日、ゴアに帰還した。十月に漁夫海岸に向かい、コーチンをへて、十一月にゴアに帰還したが、十二月初旬、ふたたびコーチンに向かった。

ザビエルは、一五四八年四月二日の書翰では、日本渡航を希望していると記しているが、まだ決意するにはいたっていない。彼には日本渡航に神の意思を感じるまで、決意できなかったようである。一五四九年一月二十日付、彼は、コーチン発のロヨラ宛書翰において、みずから日本に渡航することを決意したことを記している。こののち、彼は、日本渡航に迷うことはなかった。一五四九年二月、総督カストロにあうためにバサインに向かった。三月にはゴアに帰還し、最終的な日本渡航の準備を整えている。四月、日本に向けてゴアを出発し、五月三十一日、マラッカに到着した。六月二十四日、日本に向けてマラッカを出発した。

日本布教のヴィジョン

ザビエルは、病気のボバディーリャのかわりに急遽インドに派遣されることになったので、当初はインド布教に対する明確なヴィジョンをもっていなかったはずである。実際にインド布教を成功させたのち、どこに活路をみいだすべきであるのか。彼は、インド布教に対してある種の閉塞状況に陥っていたと考えられる。そこに飛び込んできたのが、日本という未知の布教地に関する情報である。日本人アンジローは、日本を知るための格好の材料であった。日本渡航を前にして、一五四九年六月二十二日付、マラッカ発、ヨーロッパのイエズス会員宛書翰において、ザビエルは、これからの日本布教のヴィジョンを述べている。

日本に着いたならば、私達は、国王のいる本土に赴き、イエズス＝キリストから派遣された使節であると言明するつもりです。私達は、主なる神が悪魔に対する勝利を与えて下さるに違いないと、神の慈悲を心から信頼して渡航します。私達は、日本において、学識ある人びとと会うことを恐れません。なぜならば、神を知らず、イエズス＝キリストをも知らない者が何を知ることができるでしょうか。神の栄光をひたすら願い、イエズス＝キリストと人びとの霊魂の救いを告知する者が何を恐れるでしょうか。未信者の中に入るだけでなく、無数の悪魔のいるところに入っても、野蛮な者も、暴風雨も、悪魔も、神が私達に悪を及ぼし、害を与えることをお許しにならない限り、何もできません。（河野訳）

ザビエルは、日本到着後は日本の国王にあうこと、学識者たちと信仰について議論することを念頭においている。彼は、自分が強い意思をもちさえすれば、日本布教の成功の可否はすべて神の意思によることを意識している。

ザビエルの日本布教は、それ以前に従事していたインド・東南アジア布教の延長線上にある。とくにインド布教が日本布教にとっての原則を確立する場所となったことが指摘できる。日本布教は、インド布教において確立した原則の一部を、日本の社会状況にあわせて変化させた側面がある。その点で、インド布教と日本布教は密接な関係にあり、両者には比較可能な要素がみられる。

インドや東南アジアには、「聖トマスのキリスト教徒▲」が存在している。これはキリストの十二使徒の一人聖トマスがインドで没したという伝説に由来した命名である。したがって、ザビエルにとっては、インドや東南アジアはキリスト教がはじめて伝えられる土地ではないことになる。インドや東南アジアでは、キリスト教が存在していたので、ザビエルの布教はキリスト教世界の拡大ではありえない。そうしたこともあって、彼は、来日以前から日本における過去のキリスト教布教の事実を調査している。その結果、日本にはキリスト教が存在しないことが判明した。それゆえ、来日の直後には、彼は自分が日本における最初の布教者であることを認識していた。

▼聖トマスのキリスト教徒　ポルトガル人の進出以前からインドにいるキリスト教徒。聖トマスがインドにキリスト教を伝えたという伝説に基づく。シリア・マラバール系キリスト教徒と考えられている。

③—日本との出会い

ポルトガル人の渡来と鉄砲伝来

ポルトガル人が日本にはじめて来たのはいつなのか。近年、この問題が議論の対象になっている。薩摩国の僧侶である文之玄昌が作成した「鉄炮記」▲は、ポルトガル人の日本初渡来を記した日本側の一次史料であるとされる。それゆえ、約半世紀後に作成された史料であるにもかかわらず、この問題を扱う際には尊重されてきた。「鉄炮記」をはじめとする日本側の史料によれば、ポルトガル人の日本初渡来は一五四三(天文十二)年ということになるが、ヨーロッパ側の史料によれば、四二(同十一)年となる。日本側の史料とヨーロッパ側の史料とでは、一年の齟齬が生じていることになる。

アントニオ＝ガルバン『新旧諸国発見記』(一五六三年刊)には、一五四二年にポルトガル人三人が「ジャポンエス」を発見したとある。「ディエゴ＝フレイタスの情報」には、連年同じ場所に来たとある。

フェルナン＝メンデス＝ピント『遍歴記』は、当時のポルトガルにおける商業

▼**「鉄炮記」**　文之玄昌(一五五五〜一六二〇)の著作。一六〇六(慶長十一)年に成立。鉄炮伝来を伝える基礎史料とされる。玄昌は薩南学派に属する臨済宗の僧侶。『南浦文集』収録。

メンデス＝ピント著『遍歴記』(一六一四年刊)

種子島の門倉岬（鹿児島県熊毛郡南種子町）

出版であったので、文学作品としての要素がきわめて強く、史料として使用することはむずかしい。メンデス＝ピントは、日本にはじめて渡来したポルトガル人の一人であると自称しているが、これについては確証がない。

日本への寄港地についても、種子島か、あるいは琉球か、見解の相違がみられる。到着地を分類するならば、イエズス会のシュールハンマー神父は、一五四二年が琉球で、翌年が種子島であるとするが、それでは「鉄炮記」には、ポルトガル人が翌年に同じ場所に再来したとなっていることが説明できない。

村井章介氏は、ポルトガル人が日本にはじめて渡来した年代の比定はヨーロッパ側の史料が伝える一五四二年が正しいと判断している。これは、「鉄炮記」にみえる伝来後の記述を分析し、日本における鉄砲の伝播に時差があることを考慮したものである。村井氏は、「鉄炮記」にはポルトガル人が同じ場所に再来したとあるが、これはヨーロッパ側の史料とも合致すると指摘している。その後の事実経過を考慮するならば、ヨーロッパ側の史料が正しい伝来年を伝えており、「鉄炮記」には年代の齟齬があるというのである。一五四二年に種子島をでた松井五郎三郎が歳余をへて製作された種子島銃を携えていたことが記されている(村井章介「鉄砲はいつ、だれが、どこに伝えたか」)。

　他方、宇田川武久氏は、鉄砲は、ポルトガル人が日本に渡来する以前に倭寇によって中国や朝鮮半島経由で伝えられていたので、伝来が一五四二年か四三年かと年代を検討することに特別な意味はないとしている。その場合、鉄砲といっても、ポルトガル製ではなく、中国・東南アジア製の鉄砲が流通していたことになる。これに対しては、ポルトガル人来日以前の鉄砲の存在を明確に示す史料が提示されていないうえに、当時の日本ではポルトガル製の鉄砲がいわばブランド化して流通していたことを見落としているとの指摘がある。

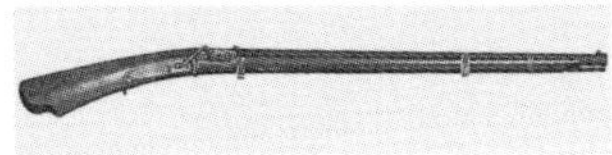

ポルトガル人が伝えたとする火縄銃

ザビエルの日本渡航

　ザビエルは、日本渡航に際して、マラッカ司令官ペドロ゠ダ゠シルヴァの援助を受けている。彼は、日本に向かうためにポルトガル船をさがしたが、中国沿岸では拿捕される恐れがあったので、結局、日本に渡航するポルトガル船はみつからなかった。そこで、次善の策として中国船で日本に向かうことになった。マラッカ海峡を航海するポルトガル船は、香料貿易の利潤が期待できるモルッカに赴くものが多く、中国方面に向かうものは少数であった。当時、東南アジア海域を航海していた船の主流は、ポルトガル船ではなく中国船であったことがこの事実からもうかがえる。

ザビエルが執筆した書翰は、全部で一三七通が確認されている。このうち、一五四九(天文十八)年十一月五日付、鹿児島発、ゴアのイエズス会員宛書翰(第九〇号書翰)は、現存するザビエル書翰としてはもっとも長文であることから「大書翰」と呼ばれている。この書翰は、彼が日本に到着後、鹿児島ではじめて執筆した書翰である。彼が日本にいたるまでの経緯が記されている。マラッカからアバン(渾名はラドロン。ポルトガル語で「泥棒、盗賊」を意味する)という名の中国人商人の船に乗って中国沿海部を経由しながら鹿児島に来ている。彼は、同書翰において、マラッカからの出帆のようすを述べている。

> 一五四九年の洗礼者ヨハネの祝日(六月二十四日)の午後、私達は、異教徒の中国人商人(アバン)の船にマラッカで乗船しました。彼は、私達を日本に渡航させたいと、マラッカの長官に申し出ました。出帆後は、神が好天と順風の恩恵を下さったにもかかわらず、異教徒には一定のものがありま

せんので、船長は日本に行きたくないのかと思われるほど進路を変え始め、必要もないのに途中見つけた島々に船を停泊させました。（河野訳）

中国人商人アバンにとっては、日本渡航は貿易が目的であった。ザビエルのいうように必要な物資を供給するわけでもないのに彼が途中の島々で船を停泊させたのは、そこで貿易をするためであったと考えられる。当時の航海技術では日本に向かうには季節風に乗らなければならなかったので、ザビエルは、たび重なる彼にとっての無意味な途中停泊に苛立ちを感じていたが、彼の苛立ちはそれだけではなかった。

航海の途中で異教徒達は、私達が乗っている船が日本からマラッカに帰還できるかどうか、籤（くじ）を引いて占い、偶像に尋ね始めました。籤には、日本に行くことはできるが、マラッカに帰ることはできないだろうと出ました。それで彼らは自信を失い、日本には行かずに中国で越冬し、翌年を期すことにしました。私達がこの航海で耐え忍んできた困難を考えて頂きたい。船員達は悪魔にしか従わないので、私達は、それで日本に行くべきか決められてしまうのです。（河野訳）

媽祖

▼司祭　一〇ページ参照。

▼コスメ＝デ＝トーレス　一五一〇〜七〇年。日本布教長。スペインのバレンシア生まれ。一五四二年、ビリャロボス艦隊によってフィリピン諸島に渡来。一五四六年にアンボン島でザビエルにあい、四八年にゴアでイエズス会に入会。ザビエルの後任の日本布教長をつとめた。天草の志岐にて没す。

▼修道士　修道会に所属し、司祭に叙階される前の状態にある者。ポルトガル語では、兄弟を意味する「イルマン」と呼ばれる。なお、

アバンたちが船内でまつっていたのは航海の安全を祈るために中国で一般的にまつられていた媽祖であったと考えられる。アバンの娘が海中に落ちてなくなるなどの不幸にみまわれ、それによって彼が籤を引くなどして媽祖のお告げに従うなど、ザビエルたちの日本渡航が阻害されかねない事態になってしまった。ザビエルは、この事態を憂慮したが、幸い船は中国で越冬することなく、日本に向かうことになった。彼は、司祭▲コスメ＝デ＝トーレス▲、修道士▲ジョアン＝フェルナンデス▲、そして日本人アンジローとともに日本に向かい、一五四九年八月十五日に鹿児島に上陸した。

ザビエルの日本人評

一五四九年十一月五日付、鹿児島発、ゴアのイエズス会員宛書翰では、ザビエルは、日本における最初の印象を記している。彼は、日本渡航以前から日本に対する一定のイメージをもっており、来日後にもそのイメージをほとんど変えていない。彼は、日本人を高く評価しており、おおむね日本人に好意的であるといえる。彼は、日本人が非常に優れた人種であることを力説している。

第一、私達が交際することによって知りえた限りでは、この国の人びとは今までに発見された国民の中では最高であり、日本人より優れている人びとは、異教徒の間には見いだすことができないでしょう。彼らは、親しみやすく、一般に善良で、悪意がありません。彼らは、驚くほど名誉心の強い人びとで、他の何よりも名誉を重んじます。大部分の人びとは貧しいけれども、そうでない人びとも貧しいことを不名誉とは思っていません。

（河野訳）

ザビエルは、インドや東南アジアから日本に対して多大な期待をいだいて来航した。彼は日本人が貧しいことを恥とはせず、名誉を重視することにも言及しているが、名誉については日本人の主従関係から述べている。

彼らは、侮辱されたり、軽蔑の言葉を黙って我慢したりしている人びとではありません。武士以外の人びとは武士を非常に尊敬し、武士はすべて、その土地の領主（りょうしゅ）に仕えることを大切にし、領主に臣従しています。彼らが臣従しているのは、もし反対のことをすれば、領主から罰を受けますが、それ以上に自分の名誉を失うと考えているからだと思われます。（河野訳）

スペイン語では「エルマーノ」となる。

▼ジョアン＝フェルナンデス
一五二六？〜六七年。スペインのコルドバ生まれ。一五四七年、イエズス会に入会。平戸にて没す。なお、名はポルトガル語では「ジョアン」となるが、スペイン語では「ファン」となる。

武士が尊敬されており、武士は主人に臣従しているが名誉を重んじるので裏切ったりしないというが、下剋上にはふれていない。日本人が名誉心に強いことは、来日以前の情報にはみられないので、ザビエルが日本で実感したことであろう。名誉と関連することであるが、彼は、日本人が窃盗に対して厳しいと評している。

彼らは、宣誓はほとんど行ないません。宣誓する時には、太陽に向かって行ないます。大部分の人びとは読み書きができますので、祈りや教理を短時間に学ぶのに役立ちます。彼らは、ひとりの妻しか持ちません。この地方では盗人は少なく、盗人を見つけると非常に厳しく罰し、誰でも死刑にします。盗みの悪習を大変憎んでいます。彼らは大変善良な人びとであり、社交性があり、知識欲が極めて旺盛です。（河野訳）

ザビエルは、日本人の識字率が高いことに着目している。日本人が一人の妻しかもたないというのは、一夫一婦制であることを意味している。もっとも当時の日本では、領主層ともなれば側室や妾をもつことは当然であったので、実際には日本人の婚姻関係がすべて一夫一婦制であったとはいえない。ザビエルは、インドや東南アジアにおいて一夫多妻制の文化圏をしばしばみてきたので、その分、一夫一婦制をとっていると思われる日本に期待したのであろう。

日本人の宗教については、次のように述べている。

> 彼らは獣の姿をした偶像を崇拝しません。大部分の人びとは大昔の人を信仰しています。私が理解しているところでは、彼らは哲学者のように生きた人びと(釈迦や阿弥陀)です。彼らの多くは太陽を崇拝しますが、月を崇拝する人びともいます。(河野訳)

日本人の宗教は、もっとも関心をいだいていた問題である。日本人が獣の姿をした偶像を崇拝しないとは、インドや東南アジアの宗教と比較してのことである。日本人が昔の哲学者のように生きた人を崇拝していると説明されている。こののち、イエズス会では、阿弥陀はもちろん釈迦までも想像上の人物であるとみなしているが、ザビエルは、実在の人物と考えていたようである。

日本の宗教者である僧侶たちの罪について、彼は、次のように説明している。

> 坊主達には、私達は、しばしばそのような醜い罪(男色)を犯さないように言いました。坊主達は、私達の言うことを嘲笑してはぐらかし、極めて醜

い罪について非難されても恥ずかしいとは思いません。坊主達は、その修院に読み書きを教えている武士の子供達を多数住まわせて、この子供達と邪悪な罪を犯していますが、この罪が習性となっているので、たとえすべての人びとに悪であると思われても、それに驚きません。（河野訳）

男色が一般的であることは、日本がインドや東南アジアなどそれまでの布教地とは大きく異なる点である。男色は、衆道（しゅどう）とも呼ばれており、戦国期の日本では寺院内だけではなく戦国大名（だいみょう）から一般庶民にいたるまで広くみられた。もちろん、こうした同性愛はキリスト教の倫理にはずれることである。

ザビエルの来日後、三カ月もたっていない時点での報告である。彼らは、来日後、わずか四〇日間で、十戒（じっかい）を日本語で説明できるくらいになったという。ザビエルは、すでに来日前から日本情報を収集していたので、そうした情報を来日後は実際に確認することが多かったのであろう。日本に対する先入観がまったくないとはいえないが、布教地としての日本が彼の期待にはずれるものでもなかったと思われる。彼は、信仰箇条を日本語に翻訳し、印刷することを計画している。おそらく木版印刷を想定しているのであろう。

比叡山延暦寺根本中堂(滋賀県大津市)

足利学校(栃木県足利市)

ザビエルの課題

ザビエルは、日本の大学に赴くことを目的としている。日本の大学については、彼は、さきの書翰において次のように述べている。

都の大学の他に五つの主要な大学があり、それらの内、高野、根来、比叡山、近江と呼ばれる四大学は都の周囲にあって、それぞれの大学は三千五百人以上の学生を擁していると言われています。都から遠く離れた坂東と呼ばれる地方には、日本最大で最も有名な大学(足利学校)があり、他の大学よりも多くの学生が通っています。……これらの主要な大学の他に、全国の至るところに多数の学校があると言われています。これらの地方が救霊の成果を上げることができる状態にあるかどうかを見極めた後、主要なキリスト教系大学のすべてに宛てて、私達の良心の義務を果たし、彼らの良心を呼び起こすために書翰を認めるのは大した苦労ではないでしょう。なぜならば、学者達の諸徳と高い学識をもってすれば、これほどの悪徳を除くことができ、これほどの不信仰から改心して、自分達の創造主、贖い主、救い主を認めさせることができるであろうからです。(河野訳)

ザビエルは、高野、根来、比叡山、近江という大きな仏教寺院を大学と認識していた。彼は、日本の大学に赴き、キリスト教をめぐって日本人と論争することを想定している。しかも、将来的には、ヨーロッパのキリスト教系大学から神学者を日本に派遣することさえ考えていた。日本の大学に対して、明確なヴィジョンが描かれていたといえよう。彼が期待していた論争は、こうした大学では実現しなかったが、彼が離れたあとの山口で行われることになる。

ザビエルの霊魂観

ザビエルは九月には薩摩藩主島津貴久▲に謁見し、布教の許可をえている。しかし、貴久は、それほどキリスト教に関心を示さなかったようである。やがて、ザビエルは、島津氏の菩提寺である福昌寺の住持をつとめていた忍室▲に出会い、親交を深めていった。当時、キリスト教は、日本人から「天竺宗」と呼ばれ、仏教の一宗派であるとみなされていた。

日本人が霊魂の不滅を認識しているか否かという問題は、ザビエルの時代から議論されている。これは、日本の主要な宗教である仏教が霊魂、とくに人間

一宇治城跡（日置市）　貴久がザビエルに謁見した場所といわれる。

▼**島津貴久**　一五一四〜七一年。戦国大名。一五二六（大永六）年、島津勝久の養子となり、家督と薩摩・大隅・日向の守護を相続。一五五〇（天文十九）年、鹿児島入城によって一族間の抗争を終結させた。

▼**忍室**　？〜一五五六年。薩摩国福昌寺の第十五代住持（東堂）忍室文勝。曹洞宗の僧侶。一五四五（天文十四）年、福昌寺住持に就任。福昌寺は薩摩国領主島津氏の菩提寺であった。ザビエルとあったときは八〇歳であったという。

の霊魂が不滅であることを認識しているか否かという問題として取り上げられている。ザビエルは、一五四九年十一月五日付、鹿児島発、ゴアのイエズス会員宛書翰において、忍室の霊魂に対する見解について、次のように記している。

僧侶達の中で最も知識のある人びとと何度も語り合いました。その中で、特にこの土地のすべての人びとから大変尊敬されている者は、忍室と呼ばれています。日本語では、真実の心を意味します。彼らの間では司教(しきょう)に相当する立場にいます。もし、その名に相応しい者であれば、彼は祝福された者です。話し合っていくうちに、私は、霊魂が不滅であるのか、それとも身体と共に滅びるのかについて、彼(忍室)が疑念を抱いており、判断を下しかねていることを知りました。彼は、霊魂が不滅であると述べたり、不滅ではないと述べたりしています。私は、他の学識者達も同様ではないかと危惧しています。(河野訳)

ザビエルは、忍室に対してはおおむね好意的な態度を示している。ザビエルは、霊魂が不滅であるか否かについて、忍室ほどの思慮と学識のある人物が確固とした見解をもっていないことをなげいている。彼は、仏教の見解としては、

忍室の墓(鹿児島市)

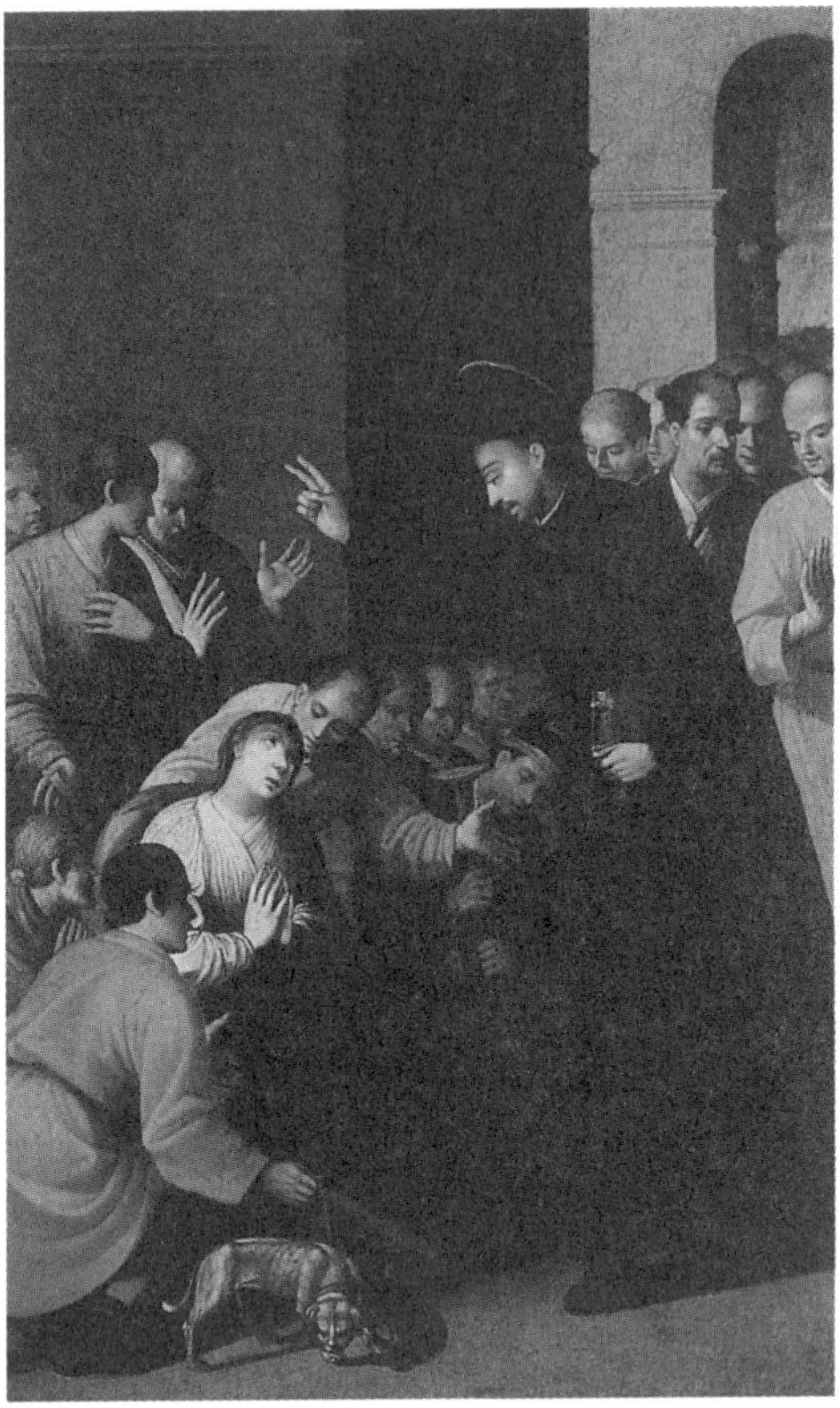

病める日本人を癒すザビエル

日本の大名に説教するザビエル

霊魂が不滅であるかどうかについて、明確な回答を提示していないと判断をくだしたのである。彼は、仏教が霊魂の不滅について定見をもっていないことから、霊魂の不滅を認識していないとする結論を導きだすにいたったと考えられる。彼の後継となるイエズス会の宣教師たちは、一部の例外があるとはいえ、おおむね日本人が霊魂の不滅を認識していなかったと考えている（拙著『キリシタン時代の偶像崇拝』）。

ザビエルの足跡

一五五〇（天文十九）年、ザビエルらは、アンジローを鹿児島に残して平戸に移った。平戸領主松浦隆信▲は、キリスト教に入信こそしなかったが、宣教師たちには好意を示した。同年十月、ザビエルは、トーレスを平戸に残して山口へ移動した。山口では、大内義隆▲に謁見した。同年十二月、彼は、本来の目的地であった京都へ向かった。

ザビエルは、来日後は京都に赴き、天皇から布教許可を受けることを想定していた。これを重要な目的と考えていたようである。一五五一年一月（天文十

▼**松浦隆信**　一五二九～九九年。戦国大名。肥前国平戸の領主。有馬氏や竜造寺氏などの勢力に囲まれながらも領国を維持した。一五八七（天正十五）年の秀吉の九州攻めに従う。

▼**大内義隆**　一五〇七～五一年。戦国大名。周防・長門・安芸・石見・備後・筑前・豊前七国の守護で、山口を本拠とした。明や朝鮮と貿易を行う。一五五一（天正四）年、家臣の陶晴賢に襲撃されて自殺。

九年十二月）、ザビエルは、堺の豪商日比屋了珪▲の屋敷に迎えられ、当初からの予定どおりに京都に赴いた。しかし、京都が戦乱によって荒廃しており、天皇の権威が失墜していたことは、ザビエルにとってはまったく予想していなかった衝撃的事実であった。

京都では天皇に権力がないうえに、応仁の乱によって京都が荒廃していたので、ザビエルは、京都の布教を断念した。彼は、かねてより天皇から布教許可をえようと考えていたが、それが無意味であると悟ったのである。そこで、京都を去ることを決意した。彼が京都に滞在したのは、わずか一一日であったといわれる。彼は、平戸に戻り、さらに布教の拠点を設定するために山口に移った。山口では、彼は、大内義隆に改めて謁見して贈物を進呈し、布教許可を受けている。彼は、山口を日本布教の拠点とすることに決めている。このころ、キリスト教の神の訳語としてそれまで使っていた「大日」をあてることを放棄したようである。このころ、琵琶法師であった日本人のロレンソがイエズス会にはいり、修道士として活動して布教上の成果をあげている。一五五一年十月七日（天文二十年九月一日）、大内義隆は、陶晴賢▲の謀反によって国外に脱出しよう

▼**日比屋了珪**　堺の豪商。京都で活動したガスパール＝ヴィレラを援助した。一五六四（永禄七）年に受洗。洗礼名はディオゴ。一五八七（天正十六）年の伴天連追放令の際、キリシタンを自宅に保護した。

▼**陶晴賢**　一五二一〜五五年。大内義隆の家臣。初名は隆房。周防国の守護代であったが、主君の義隆を自刃に追い込んだ。大友宗麟の弟晴英を迎えて大内家を継がせ、みずからは実権を掌握した。

大内義隆

大友宗麟

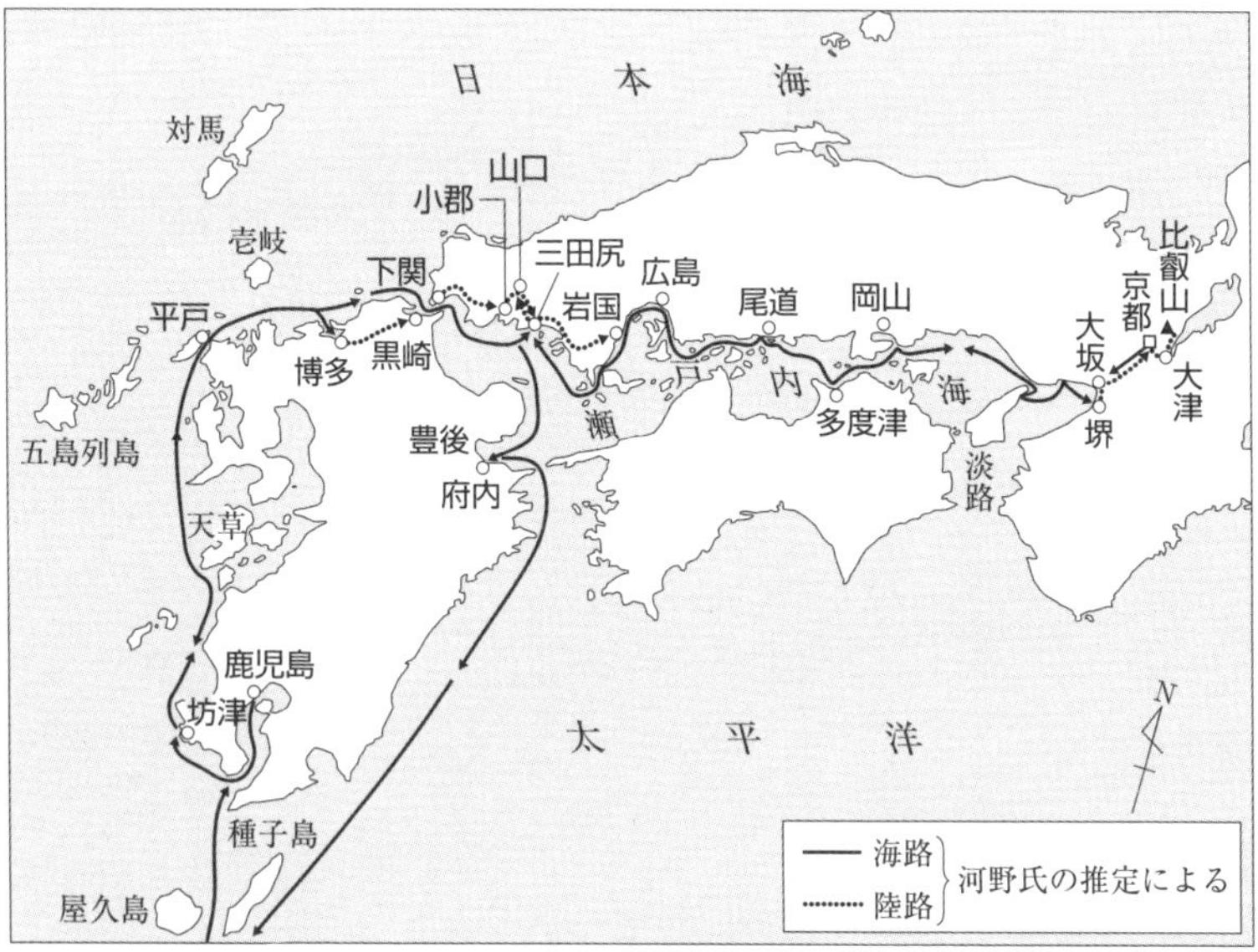

日本国内の宣教の道のり（河野純徳訳『聖フランシスコ・ザビエル全書簡』より，一部改変）

としたが、果たせずに自害した。

一五五一年、豊後府内(大分)には、ポルトガル船が到着している。大友宗麟▲(義鎮)がポルトガル貿易の利益もあってキリスト教を庇護している。宗麟は、早くからキリスト教に関心をよせていたが、側室の問題などもあって受洗はできなかった。宗麟は、キリスト教に関心を示す一方で、仏教や神道にも帰依しており、宣教師たちにとっては煮え切らない態度をとっていたようである。宗麟が受洗したのは、かなりのちの一五七八年のことである。

▼**大友宗麟** 一五三〇〜八七年。戦国大名。豊後国の領主。名は義鎮、宗麟は法名。一五七八(天正六)年、受洗。洗礼名はフランシスコ。一時は北部九州六カ国を支配したが、一五七八年に島津氏と戦って敗北し、以後は衰退した。

神と「大日」

初期の段階では、ザビエルをはじめとする宣教師たちには、日本語がほとんど話せないという問題があった。当初は日本人アンジローがザビエルたちの通訳をつとめていたと推測されるが、アンジローが鹿児島で彼らと離れてからは、いち早く日本語を覚えた若い修道士ジョアン＝フェルナンデスが通訳をつとめていた。来日当初のアンジローの通訳が不十分で誤りの多いものであったことは随所にうかがえる。彼は、キリスト教の用語を仏教用語におきかえて説明していたので、日本人にさまざまな誤解をあたえていたようである。

　ザビエルは、当初はキリスト教の神の訳語として大日如来▲を意味する「大日」を用いたために、日本人はキリスト教を仏教の一宗派としてとらえてしまったようである。これはザビエルの通訳をつとめた日本人アンジローの無知によるところが大きく、誤解に気づいたザビエルが、神をラテン語やポルトガル語のデウスのままあらわすにいたった。こののち、教会用語の翻訳には、意訳ではなく原語の音訳が用いられるようになった。

　シュールハンマー神父は、ザビエルが神を「大日」と表現したことを後代の史料を用いて論証している。シュールハンマー神父は、ザビエルの「大日」使用は布教上の失敗であったと考えており、この見解は一般的なものになっている。しかし、この見解を受けて、岸野久氏は、ザビエルが「大日」という言葉を用いたことが結果的に日本人にキリスト教の理解を容易にし、仏僧や仏教徒との対話が可能になったと、むしろこれを肯定的に評価している。ザビエルが神を「大日」と訳したことは、単に教会用語の問題にとどまらない。当然そこにはザビエルの世界観や布教観がかかわっている。

▼**大日如来**　真言密教の教主。大日とは、偉大な輝くものを意味し、もとは太陽の光照のことであった。のちに宇宙の根本の仏の呼称となった。

「大日」の否定

イエズス会の宣教師ルイス＝フロイス▲は、『日本史』▲において、ザビエルが「大日」をのちに否定したことを述べている。山口において大内義隆に謁見した際にキリスト教の神について述べたところ、同席していた真言宗の僧侶たちから自分たちの教えと同じであるとして歓迎された。しかし、数日後に、キリスト教の教義について僧侶たちにさらに詳しくたずねたところ、知らないことが多かったとして、キリスト教の神を「大日」にあてることを否定したことになっている。ザビエルはたしかに「大日」が神であることを否定しているが、それ以前にザビエル自身が「大日」は神であると考えたとはどこにも記されていない。シュールハンマー神父は、一六一八年十二月二十五日付、マカオ発、総長宛、カミロ＝コンスタンティオの書翰を引用してこのことを立証しているのである。ザビエルの日本布教を後継した宣教師たちにとって、ザビエルの「大日」使用による失敗は、いわば共通してもっていた認識であったが、それと同時に書き遺すことが躊躇される事実でもあったと考えられる。

ザビエルによる「大日」の採用は、期せずして日本におけるキリスト教の神の

▼**ルイス＝フロイス**　一五三二〜九七年。イエズス会宣教師。一五六三(永禄六)年、来日。一五六九(永禄十二)年、織田信長の庇護を受けて入洛し、七六(天正四)年からは豊後の大友宗麟と親交を結ぶ。一五八二(天正十)年以降、「イエズス会日本年報」の執筆を担当。一五八三(天正十一)年、総長の命令によって「日本史」の執筆を開始。

▼**『日本史』**　キリスト教日本布教史。イエズス会士ルイス＝フロイスの著作。原文はポルトガル語。一五八三(天正十一)年に執筆が命令された。一五九三(文禄二)年までの事蹟を記述。写本のみが伝存。

本地垂迹（ほんじすいじゃく）▲を意味する行為になってしまった。つまり、キリスト教の神の訳語に「大日」を使うことは、キリスト教の神が日本では「大日」に姿を変えてあらわれていることを意味してしまうのである。日本におけるキリスト教徒の発見であるはずのものが、反対に日本の価値観に組み込まれてしまったのである。「大日」使用の放棄は、その言葉がキリスト教の神をさすのではないことにザビエルが気づいたからであるが、結果的にはそれまで意図していなかったキリスト教の神の本地垂迹を否定することになったことを意味する。そこで、キリスト教伝来以前の日本人の救済が問題となったのである。

「大日」使用が本地垂迹という発想を採用することを意味しているので、その放棄は本地垂迹の発想から脱却することを意味する。これを機に、キリスト教用語の訳語を仏教用語などからさがすのではなく、ラテン語やポルトガル語をそのまま使用する原語主義に徹した。このことから、ザビエルが布教の方法論において自己否定を余儀なくされたことがうかがえる。混乱は覚悟していたであろうが、彼にとっては、表面的成功はさして重要ではなかったのである。「大日」の放棄は、同時に非キリスト教世界にあってキリスト教が違う形で存在

▼**本地垂迹**　神は、仏が世の人を救うために姿を変えてあらわれたものであるとする神仏同体の説。本来は、この神は日本の神道の神をさす。

するという見解の否定でもある。これ以降、キリスト教の神は、日本にその姿をあらわしてはおらず、ザビエルの時代にはじめて日本に伝えられたとみなされるようになった。

段階的布教方法

キリシタン時代においては、日本布教に段階的布教方法が採用されていた。この段階的布教方法については、カトリック典礼学▲の研究者であるヘスス＝ロペス＝ガイ神父が考察を行っている。ザビエルの時代には、信仰を受け入れるかどうかわからない日本人に対しては、キリスト教の教理として、(1)創造主としての神、(2)キリストの玄義と生涯、(3)最後の審判、の順序をたどって教えられたことになっている。十戒はこの範疇に含まれていたようである。ザビエルは、キリスト教の教理を日本語でまとめたことになっているが、これはのちに「二十五箇条」と呼ばれる問答形式の教理書であったようである。異教徒にキリスト教の玄義、たとえば磔刑に処されたキリストのことなどをいきなり教えることは誤解を招く危険があるとされていた。それゆえ、ここまでの段階をザビ

▼**カトリック典礼学**　典礼とは、カトリック教会の正式かつ公式の礼拝式。地上におけるキリストの司祭としての職務の遂行を意味する。典礼を神学的見地から研究する学問。

エルは準備福音(ふくいん)宣教として限定したのである。この準備福音宣教は、キリスト教を受け入れる意思の有無に関係なく、未信者に広く説くことができる内容である。キリスト教の信仰にはいるためには、この内容を受け入れることができなければ、次の段階に進むことが認められなかった。

一五六五年三月六日付、京都発、ルイス゠フロイスのフランシスコ゠ペレス宛書翰には、キリスト教を説く順序が明示されている。この順序は、ロペス゠ガイ神父によれば、時期によって多少の相違があるとはいえ、(1)創造主としての神、(2)霊魂の不滅、(3)日本の諸宗派の論破、(4)世界の創造、ルシフェルの堕落、アダムとエヴァの罪、(5)キリストの降誕とキリストの玄義、(6)最後の審判、(7)十戒、秘蹟(ひせき)、掟(おきて)、と区分することが可能である。このうち、最初の三段階は、準備福音宣教の範疇にはいるべきものである。この七段階の順序に従って、カトリックの教義が述べられることになっているとされている。この方法は、ザビエルの初期段階の布教方法を整備したものであると考えられる。

常栄寺(じょうえいじ)庭園(雪舟庭(せっしゅうてい)。山口市)

山口の宗論

一五五二年一月二十九日付、コーチン発、ヨーロッパのイエズス会員宛書翰(第九六号書翰)は、さきの大書翰につぐ長文の書翰である。日本を離れた直後に、それまでの日本布教の成果を書翰にまとめたものである。日本における布教活動の結果を述べており、トーレスとフェルナンデスが関与した「山口の宗論(しゅうろん)」について報告している。

大内義隆の領地であった山口において、コスメ゠デ゠トーレスは、若年の修道士ジョアン゠フェルナンデスを通訳として従えて布教を行っている。その際、彼らは、日本人たちとのあいだで多種の問題について議論しており、ザビエルがその議論の要点をのちに報告している。日本人の先祖の救済について、一五五二年一月二十九日付、コーチン発、ヨーロッパのイエズス会員宛書翰において、次のように述べている。

山口の人びとは、洗礼を受ける前、私達がその土地に赴く以前に神は自らを彼らに示されなかったので、神は慈悲深くないと言って、神の至高なる善に対して大きな疑念を抱いていました。……私達は、その理由として、神の教えがすべての掟のうちで最初のものであることを彼らに説明しました。私達は、中国の教えが日本にもたらされる以前から、日本人は殺すこと、盗むこと、偽証をすることなどの十戒に背いて行動することが悪であることを知っており、彼らが行なった悪の証拠として良心の呵責を感じていたと述べました。なぜならば、悪から遠ざかり善を行なうことは人間の心に書き込まれていたことだからです。したがって、私達は、人びとは全人類の創造主以外の誰からも教えられることなく神の教えを知っていたと、彼らに述べました。（河野訳）

山口においてトーレスとフェルナンデスが日本人から受けた質問に答える形になっている。ザビエルは、キリスト教の神の訳語として「大日」を使用することを放棄したが、その際、それまで日本にキリスト教が布教されなかったことに対する説明は避けられなかったはずである。これは、神の事前予定▲に反する問題だからである。ここでは、十戒がキリスト教の布教に依拠しない普遍性をもったものであるという論理によって、この問題が説明されている。自然法▲という言葉こそ使われていないが、十戒が自然法であるとみなしていたと考えて

▶**事前予定**　神は将来を予見するだけでなく、現実に将来を決定するとする説。

▶**自然法**　カトリック教会では、神からあたえられたものとして神がこの世界につくったものとする。

よいであろう。良心の存在についても、それがキリシタンに限定されたものであるとはみなされていない。たとえ神を認識していない未信者であったとしても、十戒は、生来の本能として認識しているとされている。

ザビエルが同書翰を執筆する際に参考にした資料の一つとして、一五五一（天文二十）年十月二十日付、山口発、フェルナンデスのザビエル宛書翰があげられる。同書翰は、日本からゴアを経由してヨーロッパに送付され、複数の刊行書翰集に収録された典型的教化書翰である。同書翰には、山口においてトーレスとフェルナンデスがキリスト教の日本伝播について疑問を提示した日本人に対して、次のような説明をしたことが記されている。

他の人びとが来て、もし、神が全世界の救い主であり、創造主であるのならば、なぜ、その教えが当地（日本）に現在に至らずとも当初から弘布されるよう命じなかったのかと質問しました。私達は、神の教えは世界の始めから現在に至るまですべての地方において人間の叡智（えいち）のうちに宣教されたので、人間はたとえ山中で人に会うことなく育とうとも、善悪を認識して他人が自分にして欲しくないことを他人に行なうことが罪悪であることを

> 知っていると答えました。このように、私達は、神の十戒を彼らに述べました。その者は、自分を創った方がそれを教えて下さったので、説教者達から教わる必要がなかったのです。（『イエズス会日本書翰集』訳文編１下）

この時代まで神の教えが日本に伝わらなかったかわりに十戒が自然法の性質をもっていると説明されている。十戒は、神がすべての人間に生まれながらに直接教えた自然法なので、日本人が十戒を宣教師から教わらなくても潜在的に身についていたというのである。それゆえ、十戒が遵守できていれば、たとえ神の存在を知らなくても救いの対象となりうるとされている。この考え方は、善の共通性に基づけば日本人の祖先の救済が可能であるとする潜在的キリスト教徒の存在を示唆するものである。フェルナンデスは、トーレスの通訳をつとめているので、これはトーレスの発想であると推測される。

岩島忠彦神父は、「救い」とは、本来は原罪▲からの解放を意味するものであって、それは原則的には洗礼によって可能となるが、ザビエルにとって「救い」とは「地獄に行かない」という消極的意味をもっていたことを指摘している（「唯一の福音と二つの宣教観―ザビエルが目指したもの、公会議が目指したもの―」）。キリ

▼**原罪**　人類の祖としてのアダムがおかした罪、もしくはアダムが子孫に伝えた罪。聖母マリアを除いて、全人類はこの罪をもって生まれる。

スト教が伝わる以前に没した日本人の祖先には地獄にいくにまかせているので、神には慈悲心がないと日本人に思わせているように、ザビエルの洗礼と結びついた「救い」に対する理解には「揺れ」がみられるという。こうしたことから、彼には、日本人の祖先が地獄にいかずにすむような論理を案出する必要が生じたのであろう。

　コーチン発のザビエル書翰と同じく、山口発のフェルナンデス書翰には、十戒が自然法であるとみなされているが、こうした議論は十戒における敬神の要素を捨象している。『新約聖書』の「ローマ人への手紙」第二章の第一四節と第一五節には、たとえ律法をもたない異邦人であっても、律法の命ずることを自然に行うのであれば、自分自身が律法であるとされ、このことは律法が自分の心にはきざまれていることを示しており、良心がそれを立証するとされている。この内容が彼らの念頭にあったと推測されるが、これは十戒について述べたものではない。彼らの見解のように、十戒が自然法であるとするならば、神との関係を説いた第一戒から第三戒までがこの議論の対象からはずれてしまうことになる。

それでは、第一戒から第三戒までが対象から除外されるとはいえ、たとえ神を認識していなくとも十戒が遵守できていれば救いの対象となることは、多くの日本人キリシタンを安心させたのであろうか。実際には、そうではなかったと思わせる記述がある。前掲のコーチン発のザビエル書簡には、地獄に堕ちてしまった日本人の祖先に救いはないことが次のように述べられている。

> 日本のキリシタン達には、ひとつの落胆があります。それは、私達が地獄に堕ちた者達には救いがないと述べると、彼らが深く悲しむことです。亡父母や妻子などの故人達への愛情のために、彼らは、その敬虔な愛情によって深い悲しみを感じるのです。多くの者達は、故人のために涙を流し、布施や喜捨によって救うことができるか否か私に尋ねます。私は、助ける方法はないと彼らに述べています。（河野訳）

彼の見解は、前掲の十戒についての記述とは相矛盾するかのようである。日本人の祖先については、地獄に堕ちてしまった祖先に「救い」はないとする見解がおそらくザビエルの本来の見解を反映していると思われる。当初、彼は、キリスト教が伝わる以前に没した日本人の祖先に「救い」はないと考えていたが、その後、たとえキリスト教を知らなくても自然法である十戒を遵守していれば地獄にはいかないとするおそらくトーレスが案出したと推測される論理を採用したので、このように同一書翰に一見矛盾する二つの見解が併存する形となってしまったのであろう。ザビエルは、日本にキリスト教が伝えられる以前に未信者として没した日本人の祖先の全員が必ずしも地獄に堕ちたわけではないことを説明するために、生前に自然法である十戒を遵守していたのであれば「救い」の対象となりうるとする見解を採用したものと考えられる。

④—中国をめざして

マテオとベルナルド

ザビエルは、一五五一(天文二十)年十一月十五日に豊後国沖ノ浜を発ち、マラッカに向かった。トーレスとフェルナンデスが日本に残り、日本布教を引き継ぐ形となった。

ザビエルは、日本を離れる際に鹿児島出身のベルナルドと山口出身のマテオをゴアまでともなっていた。彼は、これら二人の日本人をヨーロッパにつれていき、そこで経験したことを日本に戻ってから伝えてほしいと願っていた。マテオは、ゴアの聖パウロ学院で勉学していた際に病死した。ベルナルドは、ヨーロッパにいった最初の日本人である。一五五三年九月、彼はリスボンに到着し、そこでイエズス会に入会した。さらに、彼は、ローマに赴き、総長ロヨラにもあっている。彼はコインブラで勉学を続け、一五五七年四月に同地で没した。それゆえ、彼らをいずれは日本に戻したいというザビエルの願いはかなわなかった。

日本布教と中国布教

ザビエルは、一五五二年一月二十九日付、コーチン発、ロヨラ宛書翰(第九七号書翰)において、日本を離れた直後に日本布教の概略を述べている。そこには、日本に派遣すべき人材に必要な条件などが述べられており、日本が布教に適した国であると述べている。日本では議論がなされるので、学識があり、弁証法▲(べんしょうほう)に通じた宣教師が必要であるとしている。同時に、彼は、中国布教に対する関心を示しており、中国人と日本人では会話は通じなくとも文字で理解できることを指摘している。彼は、同年一五五二年のうちに中国に赴きたいと記している。

ザビエルは、信仰箇条(しんこうかじょう)を日本語で作成したが、中国布教を想定して同じ内容を漢字で表記した。彼は、日本布教に用いたものが中国布教にも役立つことに気づいたのである。残念ながら、信仰箇条の日本語テキストと漢文テキストのいずれも現存はしていない。ザビエルは、中国布教は日本布教の延長上にあると考えただけでなく、中国人が日本人と同様に高く評価できるとみなしており、中国布教にも多大な期待をいだいていたのである。

▼**弁証法**　本来は対話、弁論を意味する。未解決の問題について、蓋然性と一貫性をもって議論し、弁明する方法。「論理学」の意味もある。

ザビエルの中国布教構想

ザビエルが日本において実際に布教活動を行ったのは、わずかに二年三カ月であった。彼は、一五四九(天文十八)年十一月五日付、鹿児島発、ゴアのイエズス会士宛の書翰において、自分に残された時間を一〇年と想定しているが、岸野久氏によれば、当初より三年を日本への渡航と実際の布教期間と想定したという。ザビエルは、日本を離れたあと一五五二年二月十五日にゴアに帰還した。この時点で、彼は、中国大陸へ布教に赴くことを決意していた。

ザビエルは、中国布教の理由として、中国をキリスト教に改宗させることができれば中国の文化を尊重し、多大な影響を受けている日本も改宗するはずであると考えていた。この文脈に従えば、中国布教が日本布教の手段であることになる。ザビエルにとって、中国は日本とは共通項も多く、密接に結びついた布教地であった。しかし、現実には明(ミン)は鎖国(さこく)政策をとっていたので、外国人の入国は事実上不可能であった。

ザビエルは、一五五二年四月七日付、ゴア発、ポルトガルのシモン＝ロドリゲス宛書翰において、中国に赴く決意を記している。彼は、今後、数年間の寿命があるならば、三年ないし四年を中国布教にあてて、その後は日本ないし中国で生涯をおえたいと考えていた。彼は、日本布教に多大な期待をいだいて来日している。来日後も、その期待が裏切られることはなく、日本人の資質を高く評価しており、日本人の改宗に期待している。こうしたことは、中国に対しても同じであり、ザビエルは日本布教に区切りをつけたあとに中国布教に取りかかろうとしていた。それゆえ、中国をみずからの布教活動の最終目的地として定めていたと考えられる。中国布教は、彼にとって最後の挑戦であった。彼は、みずからの逝去の地を中国ないし日本としている。中国からふたたび日本に戻る可能性を排除していないのである。彼にとっては、日本という布教地はあくまでも特別な存在であったと考えられる。

一五五二年七月二十一日付、シンガポール海峡発、マラッカのイエズス会士ファン＝デ＝ベイラ宛書翰において、ザビエルは、中国に赴くための方法を記している。

主なる神のご助力によって、広東(カントン)に住む正直な人が二〇〇クルザードで私を小舟に乗せて広東に連れて行くと申し出ました。息子と下僕達がいるだけで他の船員はいないので、船員を通じて広東の総督に発覚することはありません。さらに、彼は、三日か四日、彼の家に私を匿い、そこから夜明け前に書籍や荷物と一緒に私を城門まで運んで行くと申し出ました。私は、すぐに総督の屋敷に行き、中国国王のいるところに行くために来たことを申し上げ、持参した司教からの中国国王宛の書翰を見せて、神の教えを広めるためにポルトガル国王から派遣された者であることを申し上げます。

（河野訳）

ザビエルは、日本布教の計画を実行に移したのちになんとか中国にはいろうと考えていた。彼は、鎖国状態の中国に入国する具体的方法として、ポルトガル国王から中国皇帝のもとに派遣された使節として赴けば入国が可能であろうと考えた。ポルトガル商人でザビエルの親友でもあるディエゴ＝ペレイラをポルトガル国王使節として派遣し、みずからはそれに同行しようとした。これには、中国に抑留されているポルトガル人の解放を求める目的もあった。しかし、この方法が安全である保証はなく、危険な計画であることは明らかであった。

アタイーデとの確執

　マラッカはゴア司教区に属しており、司教代理ジョアン＝ソアーレスが駐在していた。ザビエルは、一五五二年六月、マラッカ司令官アルヴァロ＝デ＝アタイーデからペレイラの船サンタ・クルス号の舵を取り上げられるなど、日本渡航を妨害されていることを訴えている。アタイーデは、ペレイラの使節が成功すれば莫大な利益がえられることに嫉妬していたといわれる。この妨害に対して、ザビエルは、みずからが教皇使節に任命されていることをあげて、破門が可能であることをアタイーデに説明するようソアーレスに求めている。実際、一五四〇年と四四年にはローマ教皇パウルス三世が、五〇年にはローマ教皇ユリウス三世▲が、それぞれザビエルに回勅を授与して教皇特使に任命している。しかし、アタイーデは、ソアーレスの仲介にも応じなかった。一五五二年七月、ザビエルはゴアにいるガスパール＝バルゼオにゴア司教にアタイーデを破門したので、この事実を公表するよう働きかけている。それでも、この問題が解決することはなかった。司教代理ソアーレスがアタイーデの報復を恐れたために、彼の破門を公表しなかったのである。

▼**ユリウス三世**　一四八七〜一五五五年。ローマ教皇。一五五〇年に就任。イタリア出身。トリエント公会議の推進に挫折したのちには文化と芸術の庇護につとめるようになった。

マラッカには、イエズス会士だけでなく教区司祭も駐在していた。一五五二年十月二十二日付、上川(サンチャン)島発、マラッカのフランシスコ゠ペレス宛書翰において、ザビエルは、マラッカの丘の聖母(ノッサ・セニョーラ・ダ・モンテ)教会を教区司祭ヴィセンテ゠ヴェイガスに委ねるよう要請している。ヴェイガスは、一五四五年にマカッサルに派遣され、四八年ごろにマラッカに戻ったものと推測される。ゴア司教アルブケルケが同教会をイエズス会にあたえる旨を明言した証明の写しを渡すことで、司教代理ソアーレスをはじめ誰も介入できないように処置したのである。

ザビエルの死去

ザビエルは、ゴアからマラッカを経由して日本に赴いている。日本からマラッカに帰還したのちは、彼は、マラッカ司令官アタイーデの妨害を受けながらも中国布教の可能性を模索している。彼は、修道士(イルマン)アルヴァロ゠フェレイラと中国人アントニオを従えて、広東省の上川島に上陸した。

明朝による鎖国状態の中国大陸に上陸するには大きな危険がともなう。ザビエルに随伴していたフェレイラは、中国の官憲に捕縛されることにおびえてい

上川島の聖フランシスコ＝ザビエル教会

▼修院　初等教育機関であるセミナリオをおえたのち、イエズス会にはいるための修練を積む機関。

た。ザビエルは、フェレイラがおびえるようすをみて、彼をイエズス会から退会させるという厳しい処分をくだした。ザビエルは、一五五二年十一月十二日付、上川島発、マラッカのペレス宛書翰において、フェレイラをコーチンの修院（ノビシアド）▲に受け入れてはならないが、彼がフランシスコ会かドミニコ会にはいるようならば、彼を助けるよう指示している。フェレイラは、ザビエルの命令によってイエズス会を退会させられたが、それでも生涯にわたって彼を慕っていた。ザビエルは、死の間際まで布教活動を案じており、病床からさまざまな指示をだしている。

ザビエルは、一五五二年十一月十三日付、上川島発、フランシスコ＝ペレスとガスパール＝バルゼオ宛書翰において、教皇特使としての権限によって布教活動を妨害するアタイーデの破門を公表するよう再度要請している。彼は、広東にいくことができなければ、シャムにいこうと考えはじめた。そのために、彼は、マラッカに戻るつもりであったが、十一月十九日に迎えにくることを約束した商人が来なかった。十一月二十一日、ザビエルは、熱病に倒れた。翌日に彼は乗船してみたが、病状の悪化によって船の揺れにたえられないと判断されたので、二十三日には上川島に残留することにした。一五五二年十二月三日の午前二時、ザビエルは、マラッカから中国大陸をめざしつつ、中国人アントニオらに看取られながら、上川島で死去した。

ザビエルの遺体

ザビエルの遺体は、一時上川島に埋葬されていたが、三カ月半後に上川島からマラッカをへてゴアへ運搬されることになった。そこで、墓から掘り起こしてみると、遺体は腐敗も損傷もしていなかった。高温多湿の気候で保存の条件が悪かったにもかかわらず、遺体が腐敗しなかったことは、聖人伝説にはよくみられる現象であり、それ自体が聖性を示すものとされている。ザビエルの場合も、その例外ではないであろう。現在、ザビエルの遺体は、一部切り離されたが、ミイラ化した状態でゴアのボン・ジェズ教会に保管されている。

ペレスのインド帰還以後、マラッカにイエズス会士は常駐していなかった。そこで、ザビエルの遺体は、友人であったディエゴ＝ペレイラらによって迎えられた。マラッカ司教代理ソアーレスや教区司祭ヴェイガスはマラッカに駐在

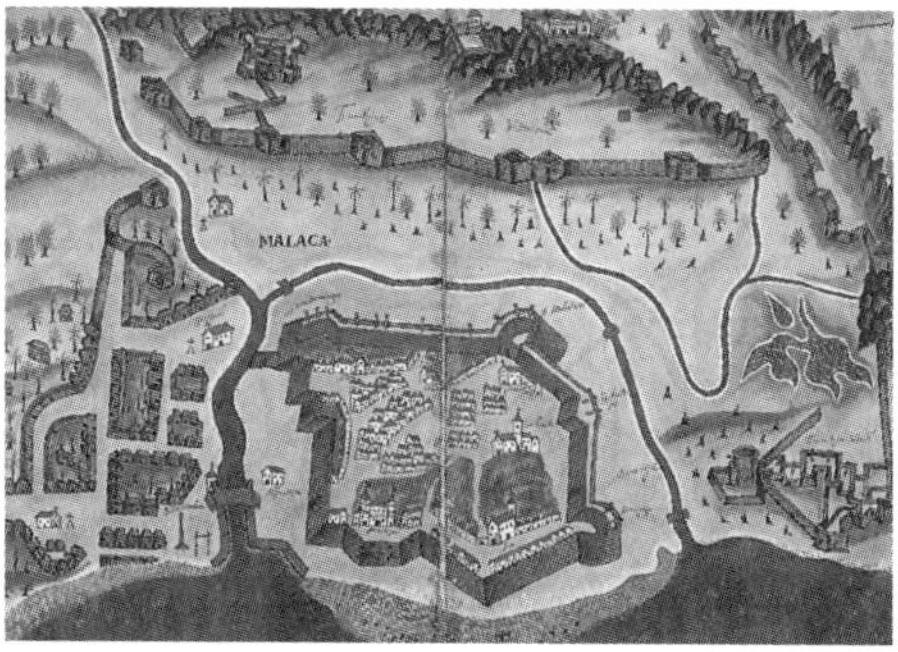

マラッカの絵図

ザビエルの遺体(ゴアのボン・ジェズ教会保管)

していたはずだが、イエズス会の史料にそのことはみえない。ザビエルの生前、マラッカには多数のキリスト教徒がいたとされるが、この時点ではほとんどうかがえない。マラッカでの埋葬には適切な方法がとられなかったようである。ザビエルの遺体は棺から取り出され、マラッカの丘の聖母教会に埋葬されたが、その際に遺体の首をおってしまい、そのほかに数カ所を損傷している。彼の遺体の不適切な扱いは、ザビエルとマラッカ司令官アルヴァロ゠デ゠アタイーデとの不和によって生じた可能性があることが示唆されている。

イエズス会では、ザビエルの遺体を引きとるために、メルシオール゠ヌーネス゠バレートがゴアからマラッカに渡航することになった。彼は、修道士マノエル゠デ゠タヴォラと司祭フアン゠デ゠ベイラ、日本から来た修道士ペドロ゠デ゠アルカソヴァとともに、ザビエルの遺体をゴアに運搬した。彼の遺体がマラッカではきわめて粗末に扱われたのとは対照的に、ゴアでは全市をあげて熱烈に歓迎されたことが伝えられている。

このように、ゴアとマラッカでは事情はまったく異なっていた。一五五四年にはマラッカに司祭アントニオ゠ヴァスが駐在しているが単独の駐在であり、その規模はすでにコレジオがあったゴアとは比較にならない。マラッカ司令官ペドロ＝ダ＝シルヴァはザビエルの活動を援助しているが、後任のアタイーデは、反対に活動を妨害している。ゴアではザビエルはインド副王から物資の援助を受けているが、マラッカ司令官からはそれを取り上げられてしまったのである。

マカオの絵図

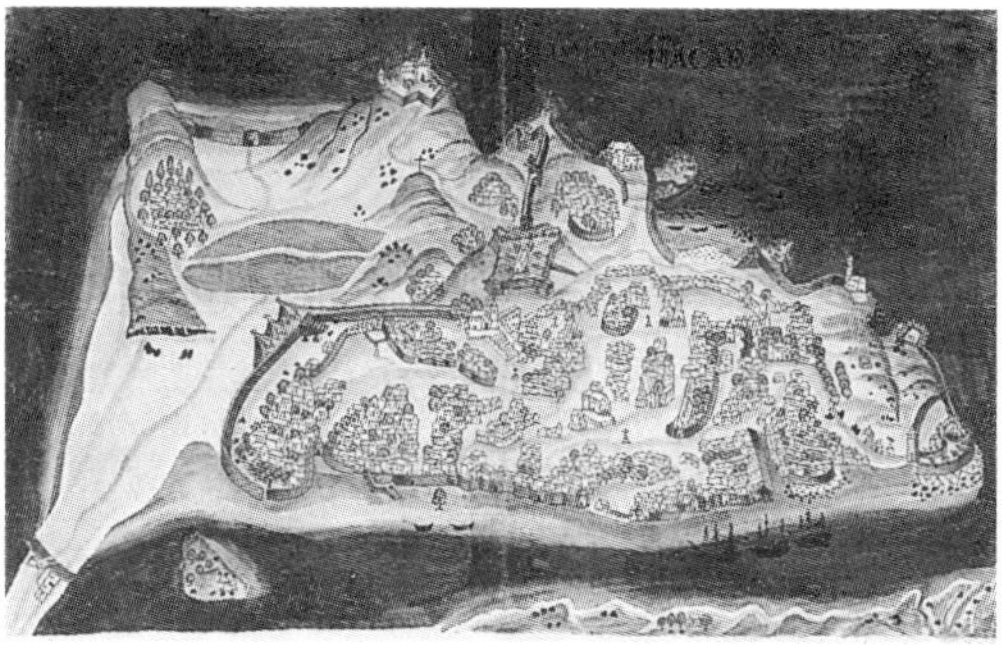

マカオ建設とマラッカ

マラッカは、当初はゴア司教区に属し、司教代理が常駐していたにすぎなかったが、一五五八年にゴアが大司教区に昇格すると、マラッカも司教区に昇格し、マラッカ司教が駐在することになった。初代マラッカ司教は、ドミニコ会出身のジョルジェ＝デ＝サンタ＝ルジアである。コレジオが設立され、マラッカ司教はイエズス会の丘の聖母教会以外に教会を設立することを計画した。

ザビエルの時代には、マラッカはポルトガルのモルッカ進出の拠点としての色彩が濃く、ゴアから中国や日本方面に進出するための中継地点としてはほとんど機能していなかった。マラッカはポルトガルの東方進出のための最前線の

マカオの聖パウロ聖堂

拠点ではあったが、キリスト教布教の拠点は依然としてゴアであった。マラッカでは、キリスト教の布教はポルトガル国家に完全には依存しておらず、ザビエルがマラッカ司令官アタイーデから妨害されているように、布教保護権の理念は体現されていなかったといえる。

マラッカは、一五五〇年代後半にマカオが建設されたのちには、その重要性をさらに低下させた。イエズス会は、マラッカ以北にキリスト教布教の拠点を必要としており、それがマカオの建設につながったのである。マカオは、イエズス会が日本や中国に進出するための拠点として機能した。一五七六年、マカオはマラッカ司教区から独立した司教区に昇格した。

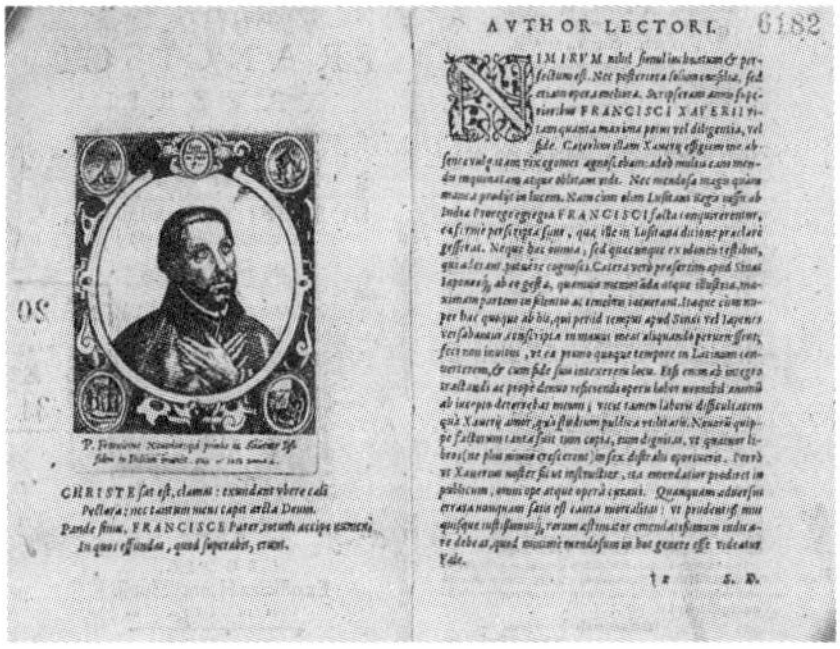

トルセリィーニ著『ザビエル伝』（一五九七年刊）

⑤―ザビエルの評価

ザビエルの列聖

ザビエルは、東アジア布教の先鞭をつけたのみならず、多くの点で指針となるものを示している。イエズス会の後継の宣教師たちは、ザビエルに続くことを考えて日本に渡航したのである。一六〇九年、ロヨラは、カトリック教会によって福者に列せられ、ザビエルは、一〇年後の一九年に同じく福者に列せられた。一六二二年には、ザビエルは、ロヨラとともに聖人に列せられるにいたった。さらに、一七四八年に「喜望峰から中国・日本にいたるインド諸国の守護聖人」に列せられ、一九二七年には「カトリック布教の守護聖人」に列せられた。ザビエルの死後、列福や列聖のために東アジアにおける彼の事蹟調査が実施されている。こうして、彼の没した直後から、彼の事蹟が調査され、彼の伝記が作成されている。十六世紀に作成された彼の伝記としては、オラシオ＝トルセリィーニやジョアン＝ルセナのものが知られている。

ザビエルの聖性を示す事蹟は没した直後から確認されており、そのいくつか

ルセナ著『ザビエル伝』(一六〇〇年刊)

は奇蹟とみなされている。彼の遺体が上川(サンチャン)島やマラッカなどで高温多湿のうえに劣悪な状況にあってもまったく腐敗しなかっただけでなく、その後保存のために石灰にいれても浸食されなかったことも、その一つに数えることができるであろう。彼の没後、彼が行った奇蹟についてまとめられている。彼は殉教者(じゅんきょうしゃ)ではないが、その偉大な業績のために生前の事蹟調査が行われ、さまざまな証言が収集されている。

ザビエルの預言

ザビエルの没後、彼に「預言(よげん)の能力」があったことが確認されている。インド管区副長メルシオール＝ヌーネス＝バレートは、生前のザビエルに関する情報を各地から収集しているが、そのなかで、スペイン人フランシスコ会士ファン＝デ＝エイロの証言を紹介している。彼は、一五五四年五月付、ゴア・コーチン間発、ロヨラ宛書翰において、次のように報告している。

彼(ザビエル)の死後、その存命中には知られていなかった多数の事蹟が明らかになりました。聖フランシスコ会の敬虔(けいけん)な人物であるひとりの修道士(しゅうどうし)

フランシスコ＝ザビエルの奇蹟（死者をよみがえらせる姿）

「聖フランシスコ＝ザビエル奇蹟報告」

RELACION DE VN PRODIGIOSO MILAGRO, que el Apostol de Oriente, San Francisco Xavier, hizo con una Religiosa de el Convento de nuestra Señora de la Purificacion de la villa de Muymenta en Portugal, a los diez de Março del año de 1637.

Autenticado, y aprobado en la forma que lo manda el Concilio Trid. por el Illustrissimo señor Don Miguel de Portugal, Obispo de Lamego, del Consejo de su Magestad.

EN la villa de Moymenta de Abeyra, Obispado de Lamego en Portugal, en un Monasterio de Religiosas ...

であり、修道士になる前にフランシスコ師と共に過ごしたことのあるファン＝デ＝エイロなる者は、その遺体と対面すると、その目から沢山の涙を流して、「神の栄光のために、神は、フランシスコ師の聖性を示しておられた」と私達に語りました。そして、彼は、今まで誰にも打ち明けたことのない話をしたいとして、「フランシスコ師には預言の能力がありました」と述べました。なぜならば、ある日、同修道士が啓示▲を受けたが、そのことを黙して自身の心中に留めていた時、フランシスコ師は、その啓示について彼に語り、啓示の内容の細部までを彼に説明したので、彼はそのことを否定できなかったからです。（『イエズス会日本書翰集』訳文編２上）

エイロは、かつては船主で商人であった。彼は、東南アジアにおける貿易によって財をなしたものと考えられる。彼は、コロンボにおいてザビエルに告解（こっかい）しているが、一五四五年にサン・トメにおいてザビエルと再会しており、彼にふたたび告解をしたうえで、全財産をすてて聖職者になることを決意した。当時、エイロは、ザビエルによれば、三五歳であったという。同年八月にはザビエルとともに同地を離れてモルッカ諸島のテルナーテに向けて出発した。彼は、

▼**啓示**　神が自分自身や自分の意思を明らかにすること。この伝達者は神であり、受信者は人間であるとされる。

聖職者になることを決意した際、イエズス会の入会を願ったが、それがかなわなかったので、フランシスコ会に入会したのである。

ザビエルは、エイロが受けた啓示の内容を彼自身がそれを秘匿していたにもかかわらず、すでに知っていたというのである。ザビエルには、通常の人にはない特別な能力が備わっていたことになる。この場合の「預言」とは、「神の言葉を預かる」という意味にとることができるであろう。事実、ヌーネス＝バレートは、同書翰において、『旧約聖書』の「列王記　上」にみられる預言者エリシャを引合いにだしているので、「預言」を同じ意味に使うことを想定していると考えられる。

このときにエイロが受けた啓示の内容を具体的に知ることはできない。しかし、ザビエルは、一五四六年五月十日付、アンボン発、ヨーロッパのイエズス会員宛書翰において、このときのことを次のように記している。

旅路に就こうとして(サン・トメの)港へ行った時、私は船主の商人(エイロ)に出会い、彼は、私に告解したいと頼みました。彼は人間の思慮分別では決心しかねることを霊的な力で自分自身に打ち勝ち、ついに天国の道を選びました。神はその慈しみをもって彼のうちに偉大なものを感じさせる(恩恵)を与えることをお望みになりました。それで、ある日彼は告解し、次の日に自分の船と持ち物すべてを売り払い、自分のためには何も残さずに、すべてを貧しい人びとに自由に分け与える決心をしました。こうして私たちはマカッサルへの船路に着きました。（河野訳）

エイロが深く悩んでいたこと、そして彼の悩みとは彼自身が聖職者の道を選ぶことによってしか解決できなかったことが読みとれる。しかし、ザビエルは、ここではエイロが啓示を受けたことにはふれていない。ましてや、ザビエルは、エイロの悩みが啓示を受けたことによるものであるとは記していないのである。それでは、エイロの受けた啓示とはなんだったのか。前掲のヌーネス＝バレートの書翰には、「彼はそのことを否定できなかった」とあるので、それはエイロ自身が認めたくないことであったと推測される。もしかしたら、その啓示とは、エイロが教会にはいることを示唆するものであったのかも知れない。ザビエルは、エイロの受けた啓示の意味をみぬいていたと考えられる。

ザビエルの奇蹟

ザビエルがもっていたのは、エイロが証言しているような預言の能力だけではなかった。ヌーネス＝バレートは、同書翰において、ザビエルが生前に数々の奇蹟を起こしたことを記している。

> 多くの人びとは、彼（ザビエル）がコモリン岬においてひとりの死者を蘇らせたと証言しています。日本においては、現在私達と共にあり、かのパードレと共にかの地に赴いたパブロ＝デ＝サンタ＝フェ（日本人アンジロー）の兄弟が、「彼はひとりの盲人に視力を与えた」と私達に断言しています。
> （『イエズス会日本書翰集』訳文編２上）

日本人アンジローの兄弟とあるのは、正確には彼の従者であると考えられる。ザビエルがインドにおいて死者をよみがえらせたことは数多くの絵画の題材にもなっている。死者をよみがえらせたり、盲人に視力をあたえたりすることは、福音書（ふくいんしょ）にみられるキリストの事蹟を彷彿（ほうふつ）とさせるものである。ザビエルは、こうした奇蹟を行っていたにもかかわらず、それをみずからはあえて秘匿していた。そうした証言が没後になってでてきたのである。

ザビエルの奇蹟として大勢が証言している著名なものに、日本を離れた直後に厦門(アモイ)沖において海難者を発見できると確信していたことがある。暴風に襲われて乗っていた船の綱が切れて舷(げん)側につないでいた小舟が流され、小舟に乗っていた四人が漂流してしまった。船長は、捜索は本船を危険な状態にすると航行の継続を主張したが、ザビエルは、すぐに小舟があらわれるからといって停泊することを主張した。船長がザビエルの要求を受け入れて二時間以上がたったあと、漂流していた小舟が発見され、四人全員が無事に救助された。一六一九年に五〇人がこれを証言した。

インド管区長

ザビエルは、ゴアの学院長アントニオ＝ゴメスがその役職にふさわしくないと主張してポルトガル管区長シモン＝ロドリゲス▲と対立していた。それゆえ、総長ロヨラは、インド管区がポルトガル管区の制約を受けないように、ポルトガル管区からインド管区を分離独立することを考慮していた。ロドリゲスは、ポルトガル管区長としてコインブラの神学生(しんがくせい)に苦行を認めており、それに異を

▼**シモン＝ロドリゲス**　一五一〇〜七九年。ポルトガルのヴォウゼラ生まれ。イエズス会の創設に参加。ポルトガル管区長などをつとめた。リスボンにて没す。

唱えたザビエルとはつねに対立していた。ゴメスは、マデイラ島の貴族(きぞく)の出身で、学識ある説教家として知られていた。一五四八年十月にロドリゲスの抜擢によってゴメスがゴアの学院長に就任すると、ザビエルは、彼がその役職にふさわしいかどうかを確認するために翌十一月にゴアに赴いた。ゴメスは、コインブラの学院の方法に従って、ゴアの学院を強硬に改革していった。ザビエルは、ゴメスがみずからの不在時にインドの上長の代理となるゴアの学院長にふさわしくないと、ロヨラに上申している(一五四九年一月十二日付、ロヨラ宛、第七〇号書翰)。

ロヨラは、ゴメスの処遇の問題については、ロドリゲスではなく、ザビエルの意向をくんでいる。ザビエルの要請に対して、ロヨラは、インドを管区とすることでポルトガル管区から独立させ、ザビエルをインド管区長に任命することを考えた。ロドリゲスは、コインブラのあり方を批判したザビエルの大書翰をローマには送らず、コインブラにとどめておいた。ロヨラは、こうしたロドリゲスの態度に賛同できなかったようである。総長ロヨラは、一五五一年十二月二十六日にロドリゲスをポルトガル管区長職から解任し、後任にディオゴ＝

ミロンをあてている。

ザビエルは、みずからの日本渡航の前にゴメスをゴアの学院長の役職から更迭しようとするが、その時点では反対にあって実現しなかった。一五五一年九月四日にメルシオール＝ヌーネス＝バレートがポルトガル管区長ロドリゲスの任命によってゴアの学院長として赴任してきた。ゴメスは、ヌーネス＝バレートが総長ロヨラの確認書を携帯しておらず、みずからがザビエルの日本渡航前に三年の任期で院長に任命されたので、職務を譲渡できないと考えた。ザビエルは、日本を離れた直後にマラッカにおいて、一五四九年十月十日付、ローマ発のロヨラの書翰を受け取り、みずからがインド管区長に任命されていたことを知る。ゴアの新学院長の任命は、たしかにロドリゲスのポルトガル管区長の在任時ではあったが、この時点ではすでにインド管区はポルトガル管区から独立しているので、実際にはポルトガル管区長にはゴアの学院長の任命権はないことになる。

ザビエルは、一五五二年一月二十九日付、コーチン発、ローマのロヨラ宛書翰において、彼にとって日本布教とはなんだったのかを説明している。

主なる神は日本人によって、私自身の限りない惨めさを深く認識する恩恵を与えて下さったので、日本人にどれほど感謝しなければならないか書き尽くすことはできません。なぜならば、日本において多数の苦労や危険に晒されて自分自身を見つめるまでは、私自身が自分の内心の外にあって自分の中に多数の悪が潜んでいたのか認識していなかったからです。主なる神は、私に配慮して下さる誰かがいなければならないことを明確に自覚させて下さいました。私は、神の慈悲によって自分が不適任であることを明確に知ることができましたが、ここにいる多数のイエズス会員の霊魂を配慮する責任を私に与えたことを考えて下さい。私こそ他の会員達に委ねられると思っていましたが、猊下は、会員達を私に委ねました。（河野訳）

ここにザビエルの謙遜が示されているといえよう。彼にとって、日本における数々の苦難は、自分をみつめなおすきっかけになったが、それはほかならぬ神が認識させてくださったというのである。引用部分の末尾の「会員達を私に委ねました」とは、総長ロヨラがザビエルをインド管区長に任命したことをさしている。ロヨラは、ゴアの学院長の役職をめぐる問題に対して、インド管区をポルトガル管区から独立させるというザビエルの意図をくんだ解決策をとったのである。その後、ザビエルは、総長ロヨラから授与されたインド管区長の権限によって、アントニオ＝ゴメスをゴアの学院長から更迭しただけでなく、イエズス会からも退会させるという厳しい処分をくだしている。

ザビエルとロヨラ

総長ロヨラは、ザビエルが日本布教をおえて無事にインドに帰還したことを祝福している。一五五二年一月三十一日付、ローマ発、ロヨラのザビエル宛書翰には、同年にはザビエルからの書翰を受け取っていないことが記されている。この時点では、ロヨラは、ザビエルにインド布教を継続してもらいたかったのか、具体的指示をあたえてはいない。このころ、ポルトガルでは、ポルトガル管区長職の問題が完全には解決しておらず、ロヨラは、総長としてその打開に頭を悩ませていた。

ロヨラは、ザビエルが中国に赴こうとしたが果たせぬままに一五五二年十二月三日に広東(カントン)省の上川島で没したことを、しばらく把握していなかった。その

ザビエル（右）とロヨラ（『マリア十五玄義図』部分）

ために、ロヨラは、ザビエルの没後半年以上がたった翌年に、彼に対してヨーロッパに帰還するよう命令した書翰を執筆している。一五五三年六月二十八日付、ローマ発、ロヨラのザビエル宛書翰には、次のように記されている。

インド地域の善益のためには、そちらに派遣される人びとが、時と場合に応じて現地で求められる種々の仕事に適した人であることがどんなに大切かも、おわかりでしょう。そのため、あなたがポルトガルと当地に帰還されることは、きわめて有益でしょう。それはただ、多くの人びとが現地に行く望みをかき立てられるからだけでなく、宣教志願者のうち、派遣されるための適任者はだれか、各宣教地にふさわしい人はだれかを、ご自分で審査するためでもあります。（イエズス会編『聖イグナチオ・デ・ロヨラ書簡集』）

総長ロヨラは、ザビエルがヨーロッパにいてインド布教を主導することを期待しているが、これはイエズス会の中枢部にいて布教地インドに指示をあたえることを意味する。ロヨラは、ザビエルがポルトガル国王に対してエチオピア布教を働きかけることをも期待している。ロヨラは、インド布教を他の会員に委ねるべきことをザビエルに指示しており、なんとしてでも彼をヨーロッパに帰還させたかったことがうかがえる。ロヨラは、ザビエルを自分の後任の総長にしようと考えていたようである。総長職は、『イエズス会会憲（かいけん）』において規定されているように、総会議で会員の選挙によって決められるので総長の一任では決められないが、ザビエルがロヨラの意思に従ってヨーロッパで指導的役割を果たすことは来たるべき総長選挙に有利に作用していたであろう。

ロヨラは、みずからの没後、イエズス会がポルトガルの内訌（ないこう）をかかえていることを深く憂慮していた。インドや新大陸の布教が大きな成果をあげたのとは異なり、アフリカ布教は行き詰まりをみせていた。そうした状況にあって、イエズス会のかかえるさまざまな問題を解決できるのは、インド、東南アジア、さらに日本における布教事業を成功させたザビエル以外にはいないと、ロヨラが考えたとしても不思議ではない。ロヨラは、総長としての激務に加えて健康にも不安をかかえており、自身の没後にイエズス会がまとまりを失ってしまうことを懸念していた。ザビエルをローマに呼び戻そうとしたことに、ロヨラのザビエルに対する評価と信頼のほどがうかがえよう。

ザビエルに魅せられた人びと

ザビエルは、その後半生をインド、東南アジア、そして日本における布教活動のなかにすごしたので、まとまった著作を遺してはいない。彼の思想や活動は、わずかに遺された彼の書翰などから探ることになる。彼の自筆書翰も遺っているが、それ以上に数多く確認されているのは、彼の書翰の写本と刊本である。ザビエルは、スペイン語やポルトガル語で書翰を執筆している。写本や刊本には、スペイン語からポルトガル語に、あるいはその逆に翻訳されたものがあり、それらからラテン語に翻訳されたものもある。

イエズス会のゲオルク＝シュールハンマー神父とヨゼフ＝ヴィッキ神父が、確認可能なザビエルの書翰を網羅的に調査し、『聖フランシスコ＝ザビエル書簡集』をローマのイエズス会歴史研究所から出版した。本書は、ザビエルの書翰一三七通を収録しており、ザビエル書翰集の決定版であるといわれている。そのうち、日本発信書翰は、一五四九(天文(てんぶん)十八)年十一月五日付、鹿児島発の宛先の異なる五通である。日本に関する記述は、日本を離れたあとの書翰にも詳しく記されている。

ローマのイエズス会本部　文書館と歴史研究所が設置されている。

ペドロ＝デ＝リバデネイラ著『聖人伝』（一六二四年刊）　カトリック教会の諸聖人の伝記。ロヨラとザビエルの伝記も収録されている。

ザビエルの文章は、容易に読み飛ばすことのできるものではない。彼の文章が単に難解であるというのではなく、行間には彼の深い思索を感じることができるものである。彼の思想は、彼の文章からのみでは理解できない。彼の足跡をたどり、彼の思索を追うことによってはじめて理解できると考えられている。これまで教会関係者を中心に数多くの研究者たちがそれに挑んできた。

シュールハンマー神父は、文字どおりザビエル研究に生涯をささげた研究者である。彼は、自身のライフワークとしてきわめて詳細な『聖フランシスコ・ザビエル伝』をドイツ語で執筆している。同書は、総ページ数にして三〇〇〇ページを超える大作である。記録の残存していないザビエルの足跡を周辺状況から綿密に追っている。英語の抄訳とスペイン語の増補訳が出版されている。同書と書翰集をスペイン語に翻訳したフェリス＝スビリャガ神父も、ザビエル研究に打ち込んだ人である。スペイン語では、ホセ＝マリア＝レコンド神父による伝記もある。ザビエルの書翰については、アルーペ神父・井上郁二訳『聖フランシスコ・ザビエル書翰抄』全二冊という抄訳が出版された。河野純徳神父は『聖フランシスコ・ザビエル全書簡』という全訳を出版し、それを基にしてザビエルの伝記を執筆した。

カトリック教会では、日本はザビエルとは切り離せない関係にある。日本はつねに聖人ザビエルとともにあるといえる。ザビエルは、インドや東南アジアにおいて、日本の存在を知る前は布教活動に先がみえない閉塞状況に陥っていた。彼にとっては、インドや東南アジアから日本に向かうことができたのは幸いであった。日本もまた、ザビエルとともにあるので、カトリック教会にとっては重要な布教地である。ザビエルは、ヨーロッパのキリスト教世界と日本との関係を、キリスト教を基軸として構築したといえる。彼は日本を高く評価した。彼の日本に対する見解が、カトリック教会における日本の最初のイメージを形成している。彼の見解が教会における、そしてヨーロッパにおける日本のイメージの基礎となったのである。日本にとっても、それは幸いであったというほかない。

村井章介『国境を超えて―東アジア海域世界の中世―』校倉書房, 1997年
村井章介『海から見た戦国日本―列島史から世界史へ―』(ちくま新書), 筑摩書房, 1997年
村井章介「鉄砲はいつ, だれが, どこに伝えたか」『歴史学研究』785号, 2004年
結城了悟『ザビエル』聖母の騎士社, 1993年
吉田小五郎『ザヴィエル』吉川弘文館, 1959年
ロペス = ガイ著(井手勝美訳)『初期キリシタン時代の準備福音宣教(改訂版)』キリシタン文化研究会, 1980年
ロペス = ガイ著(井手勝美訳)『キリシタン時代の典礼』キリシタン文化研究会, 1983年
東武美術館・朝日新聞社編『大ザビエル展』東武美術館・朝日新聞社, 1999年
Georg Schurhammer, S. J., *Franz Xaver; seinleben und seine zeit,* 4 vols., Freiburg, 1965–71
José María Recondo, S. I., *San Francisco Javier; Vida y Cbra,* Madrid, 1988

写真所蔵・提供者一覧(敬称略, 五十音順)

朝日新聞社　p. 74
足利市教育委員会　p. 47左
臼杵市　p. 27右
大分市歴史資料館　p. 79
京都外国語大学付属図書館　p. 3右
京都大学総合博物館　p. 91
コインブラ司教区　p. 15
神戸市立博物館　カバー裏
国立マシャード・デ・カストロ博物館(ポルトガル)　p. 23
サラゴサ美術館　カバー表
サン・ロケ教会　p. 24上, 50上
常栄寺　p. 60
瑞峯院　p. 53右
崇福寺・福岡市博物館　p. 42
種子島観光協会　p. 38
種子島時邦　p. 39
筑波大学附属図書館　p. 80, 81下
日本二十六聖人記念館　扉
比叡山延暦寺　p. 47右
肥後智　p. 48, 49
PPS　p. 76
ユニフォトプレス　p. 11, 14, 21, 22, 24下, 27左
龍福寺　p. 53左
ローマ, ジェズ教会　p. 2
Antonio Francisco Cardim, *Fasciculus e Iapponicis floribus, suo adhuc madentibus sanguine compositus,* Romae, 1646　p. 3左
Isabel Cid, *O Livro das Plantas de Todas as Fortalezas, Cidades e Povoações do Estado da India Oriental de António Bocarro,* 2 vols., Lisboa, 1992　p. 19, 77
J. W. O'Malley & G. A. Bailey, *The Jesuits and the Arts, 1540–1773,* St Joseph's University Press, Philadelphia, 2005　p. 9, 50下, 81上
Sarnia Hayes Hoyt, *Old Malacca,* Oxford University Press, 1993　P. 75
José Garrido Lapeña(撮影)　カバー表
Zeno Volantoni(撮影)　p. 2

参考文献

〔史料〕

Felix Zubillaga, S. J., tr., *Cartas y Escritos de San Francisco Javier,* Madrid, 1979

Georg Schurhammer, S. J. & Joseph Wicki, S. J., ed., *Epistolae S. Francisci Xaverii,* 2 vols., Romae, 1944–45

Juan Ruiz-de-Medina, S. J. ed., Documentos del Japón, 2 vols. Romae, 1990–95

アルーペ神父・井上郁二訳『聖フランシスコ・ザビエル書翰抄』全２冊(岩波文庫), 岩波書店, 1949年

イエズス会編『聖イグナチオ・デ・ロヨラ書簡集』平凡社, 1992年

河野純徳訳『聖フランシスコ・ザビエル全書簡』平凡社, 1985年

東京大学史料編纂所編『日本関係海外史料　イエズス会日本書翰集』原文編１－２・訳文編１上下－２上下, 東京大学史料編纂所, 1990–2000年

〔単行本・論文〕

浅見雅一『キリシタン時代の偶像崇拝』東京大学出版会, 2009年

浅見雅一「ザビエルの見た日本人の霊魂観」(『ソフィア』216号, 2005年)

生田滋『ヴァスコ・ダ・ガマ　東洋の扉を開く』原書房, 1992年

岩島忠彦「唯一の福音と二つの宣教観―ザビエルが目指したもの, 公会議が目指したもの―」『カトリック研究』70号, 2001年

ウィリアム＝バンガート著(上智大学中世思想研究所監修)『イエズス会の歴史』原書房, 2004年

宇田川武久『東アジア兵器交流史の研究―十五～十七世紀における兵器の受容と伝播―』吉川弘文館, 1993年

太田淑子編(H.チースリク監修)『日本史小百科 キリシタン』東京堂出版, 1999年

太田淑子編『日本, キリスト教との邂逅―二つの時代に見る受容と葛藤―』オリエンス宗教研究所, 2004年

岸野久『西欧人の日本発見―ザビエル来日前日本情報の研究―』吉川弘文館, 1989年

岸野久『ザビエルと日本―開教期キリスト教の研究―』吉川弘文館, 1998年

岸野久『ザビエルの同伴者アンジロー―戦国時代の国際人―』吉川弘文館, 2001年

ゲオルク＝シュールハンマー著(安田一郎訳)『イエズス会宣教師が見た日本の神々』青土社, 2007年

河野純徳『聖フランシスコ・ザビエル全生涯』平凡社, 1988年

五野井隆史『日本キリスト教史』吉川弘文館, 1990年

五野井隆史『日本キリシタン史の研究』吉川弘文館, 2002年

清水紘一『織豊政権とキリシタン―日欧交渉の起源と展開―』岩田書院, 2001年

高瀬弘一郎『キリシタン時代の研究』岩波書店, 1977年

高瀬弘一郎『キリシタンの世紀―ザビエル渡日から「鎖国」まで―』岩波書店, 1993年

中村元『佛教語大辞典』全３冊, 東京書籍, 1975年

ピーター＝ミルワード著(松本たま訳)『ザビエルの見た日本』(講談社学術文庫), 講談社, 1998年

村井章介『中世日本の内と外』筑摩書房, 1994年

フランシスコ＝ザビエルとその時代

西暦	年号	齢	おもな事項
1506	永正3		***4-7*** スペインのナバラ王国のザビエル城にて誕生
1515	12	9	***6-1*** スペイン，ナバラ王国を併合。***10-*** 父フアン没す
1525	大永5	19	***10-*** パリ大学の聖バルバラ学院に入学
1529	享禄2	23	***7-*** 母マリア，没す。***9-*** ロヨラと同室になる
1530	3	24	***3-15*** 哲学教授の資格を取得。***10-*** アリストテレス哲学を講義
1533	天文2	27	6月ごろまで，大回心。東方布教を決意
1534	3	28	***8-15*** パリのモンマルトルの丘にて，ロヨラら同志7人で，清貧，貞潔，聖地巡礼の誓いを立てる
1536	5	30	***11-15*** パリを発ち，ドイツ，スイスからベネチアに向かう
1537	6	31	***4-3*** ローマにて教皇パウルス3世に謁見。***6-24*** 同志とともに司祭に叙階，同志の会の名を「イエズス会」とする
1538	7	32	***4-21*** ローマに到着。同志と共同生活
1539	8	33	***9-3*** ローマ教皇パウルス3世がイエズス会を口頭で承認
1540	9	34	***3-15*** インドに赴くためローマを出発。***6-***末 リスボンに到着。***9-27*** 教皇パウルス3世がイエズス会を勅書で承認
1541	10	35	***4-7*** リスボンを出発。***8-***末 モザンビークに到着
1542	11	36	***2-***末 モザンビークを出発。***5-6*** ゴアに到着。***10-*** 翌年9月末までインド南端の漁夫海岸で布教
1543	12	37	***11-*** ゴアに帰還
1545	14	39	この年，コーチンを発ち，***9-25*** マラッカに到着
1546	15	40	この年，マラッカを出発。***2-14*** アンボンに到着
1547	16	41	***7-***末 マラッカに到着。***12-7*** マラッカの聖母教会にて日本人アンジローにあい，日本渡航を検討する
1548	17	42	この年，コーチン，ゴアをへて，バサインに向かう
1549	18	43	***4-15*** トーレス，フェルナンデスらをともない，ゴアを出発。***4-21*** コーチン寄港。***5-31*** マラッカに到着し，***6-24*** 出発。***8-15*** 鹿児島に到着。***9-29*** 伊集院にて島津貴久に謁見
1550	19	44	この年，『公教要理』『使徒信経の説明書』を日本語に翻訳。***9-*** 平戸にて松浦隆信に謁見し，布教の許可をえる。***11-*** 山口にて大内義隆に謁見。***12-17*** 堺に到着
1551	20	45	***1-*** 堺の豪商日比屋了珪の支援により京都に赴くが，荒廃した京都の布教を断念。***3-*** 平戸に戻る。***4-*** 山口で大内義隆にふたたび謁見，布教許可をえる。***9-*** 大友義鎮(宗麟)の招きで豊後府内へ移る。***11-15*** 豊後沖ノ浜を発ち，***12-24*** シンガポール海峡着。***12-30*** マラッカを出発
1552	21	46	***1-24*** コーチンに到着。***2-15*** ゴアに到着。***4-17*** ゴアを出発し，***5-*** マラッカに到着。***7-17*** シンガポールをへて，***8-***末 広東省の上川島に到着。***12-3*** 上川島にて死去

月日は西暦。年齢は満で計算。

浅見雅一(あさみ　まさかず)
1962年生まれ
慶應義塾大学大学院文学研究科修士課程修了
専攻，キリシタン史
現在，慶應義塾大学文学部教授
主要著書・論文
『キリシタン時代の偶像崇拝』(東京大学出版会2009)
『概説キリシタン史』(慶應義塾大学出版会2016)
『キリシタン教会と本能寺の変』(角川新書2020)
「キリシタン時代における日本書翰集の編纂と印刷」
(『史学』71巻4号2002)
「ザビエルの見た日本人の霊魂観」(『ソフィア』216号2005)

日本史リブレット人 044
フランシスコ＝ザビエル
東方布教に身をささげた宣教師
2011年9月20日　1版1刷　発行
2022年4月15日　1版3刷　発行
著者：浅見雅一(あさみ まさかず)
発行者：野澤武史
発行所：株式会社 山川出版社
〒101－0047　東京都千代田区内神田1－13－13
電話 03(3293)8131(営業)
03(3293)8135(編集)
https://www.yamakawa.co.jp/
振替 00120-9-43993
印刷所：明和印刷株式会社
製本所：株式会社 ブロケード
装幀：菊地信義

Printed in Japan ISBN 978-4-634-54844-2

日本史リブレット人

1 卑弥呼と台与 —— 仁藤敦史
2 倭の五王 —— 森　公章
3 蘇我大臣家 —— 佐藤長門
4 聖徳太子 —— 大平　聡
5 天智天皇 —— 須原祥二
6 天武天皇と持統天皇 —— 義江明子
7 聖武天皇 —— 寺崎保広
8 行基 —— 鈴木景二
9 藤原不比等 —— 坂上康俊
10 大伴家持 —— 鐘江宏之
11 桓武天皇 —— 西本昌弘
12 空海 —— 曾根正人
13 円仁と円珍 —— 平野卓治
14 菅原道真 —— 大隅清陽
15 藤原良房 —— 今　正秀
16 宇多天皇と醍醐天皇 —— 川尻秋生
17 平将門と藤原純友 —— 下向井龍彦
18 源信と空也 —— 新川登亀男
19 藤原道長 —— 大津　透
20 清少納言と紫式部 —— 丸山裕美子
21 後三条天皇 —— 美川　圭
22 源義家 —— 野口　実
23 奥州藤原三代 —— 斉藤利男
24 後白河上皇 —— 遠藤基郎
25 平清盛 —— 上杉和彦
26 源頼朝 —— 高橋典幸
27 重源と栄西 —— 久野修義
28 法然 —— 平　雅行
29 北条時政と北条政子 —— 関　幸彦
30 藤原定家 —— 五味文彦
31 後鳥羽上皇 —— 杉橋隆夫
32 北条泰時 —— 三田武繁
33 日蓮と一遍 —— 佐々木馨
34 北条時宗と安達泰盛 —— 福島金治
35 北条高時と金沢貞顕 —— 永井　晋
36 足利尊氏と足利直義 —— 山家浩樹
37 後醍醐天皇 —— 本郷和人
38 北畠親房と今川了俊 —— 近藤成一
39 足利義満 —— 伊藤喜良
40 足利義政と日野富子 —— 田端泰子
41 蓮如 —— 神田千里
42 北条早雲 —— 池上裕子
43 武田信玄と毛利元就 —— 鴨川達夫
44 フランシスコ＝ザビエル —— 浅見雅一
45 織田信長 —— 藤田達生
46 徳川家康 —— 藤井讓治
47 後水尾院と東福門院 —— 山口和夫
48 徳川光圀 —— 鈴木暎一
49 徳川綱吉 —— 福田千鶴
50 渋川春海 —— 林　淳
51 徳川吉宗 —— 大石　学
52 田沼意次 —— 深谷克己
53 遠山景元 —— 藤田　覚
54 酒井抱一 —— 玉蟲敏子
55 葛飾北斎 —— 大久保純一
56 塙保己一 —— 高埜利彦
57 伊能忠敬 —— 星埜由尚
58 近藤重蔵と近藤富蔵 —— 谷本晃久
59 二宮尊徳 —— 舟橋明宏
60 平田篤胤と佐藤信淵 —— 小野　将
61 大原幽学と飯岡助五郎 —— 高橋　敏
62 ケンペルとシーボルト —— 松井洋子
63 小林一茶 —— 青木美智男
64 鶴屋南北 —— 諏訪春雄
65 中山みき —— 小澤　浩
66 勝小吉と勝海舟 —— 大口勇次郎
67 坂本龍馬 —— 井上　勲
68 土方歳三と榎本武揚 —— 宮地正人
69 徳川慶喜 —— 松尾正人
70 木戸孝允 —— 一坂太郎
71 西郷隆盛 —— 德永和喜
72 大久保利通 —— 佐々木克
73 明治天皇と昭憲皇太后 —— 佐々木隆
74 岩倉具視 —— 坂本一登
75 後藤象二郎 —— 村瀬信一
76 福澤諭吉と大隈重信 —— 池田勇太
77 伊藤博文と山県有朋 —— 西川　誠
78 井上馨 —— 神山恒雄
79 河野広中と田中正造 —— 田崎公司
80 尚泰 —— 川畑　恵
81 森有礼と内村鑑三 —— 狐塚裕子
82 重野安繹と久米邦武 —— 松沢裕作
83 徳富蘇峰 —— 中野目徹
84 岡倉天心と大川周明 —— 塩出浩之
85 渋沢栄一 —— 井上　潤
86 三野村利左衛門と益田孝 —— 森田貴子
87 ボワソナード —— 池田眞朗
88 島地黙雷 —— 山口輝臣
89 児玉源太郎 —— 大澤博明
90 西園寺公望 —— 永井　和
91 桂太郎と森鷗外 —— 荒木康彦
92 高峰譲吉と豊田佐吉 —— 鈴木　淳
93 平塚らいてう —— 差波亜紀子
94 原敬 —— 季武嘉也
95 美濃部達吉と吉野作造 —— 古川江里子
96 斎藤実 —— 小林和幸
97 田中義一 —— 加藤陽子
98 松岡洋右 —— 田浦雅徳
99 溥儀 —— 塚瀬　進
100 東条英機 —— 古川隆久

〈白ヌキ数字は既刊〉